RAYMOND REC

L'AURORE DE NAPOLÉON

BONAPARTE A TOULON

LES ÉDITIONS DE FRANCE
20, Avenue Rapp, 20. — PARIS

BONAPARTE A TOULON

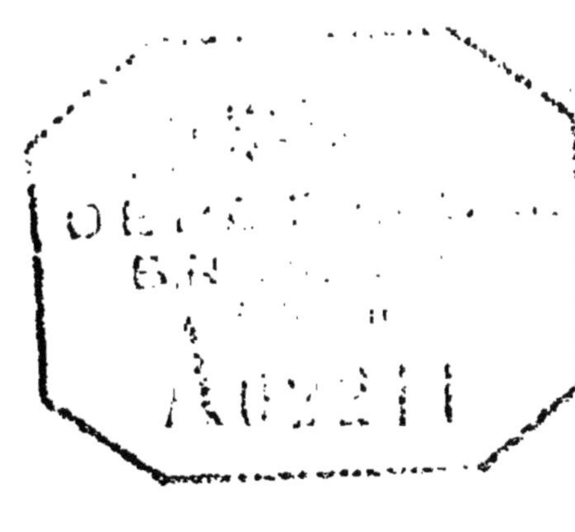

OUVRAGES DU MÊME AUTEUR

LA BATAILLE DE FOCH. — Un volume in-16. Hachette, 1920 (25e mille). *(Couronné par l'Académie française.)*

FOCH, LE VAINQUEUR. — Un volume in-16. Hachette, 1919 (20e mille).

LE PAYS MAGYAR. — Impressions et études sur la Hongrie. Un volume in-12. Alcan, 1903.

DIX MOIS DE GUERRE EN MANDCHOURIE. — Impressions d'un témoin. Un volume in-12. Juven, 1906.

LE TSAR ET LA DOUMA. — Un volume in-12. Juven, 1906.

EN ANGLETERRE. — Un volume in-12. Fasquelle, 1905. *(Ouvrage couronné par l'Académie française.)*

L'ASSASSINAT DE GASTON CALMETTE. — Une brochure. Plon-Nourrit et Cie, 1914.

LA BATAILLE DANS LA FORÊT D'ARGONNE. — (Jean-Léry). — Impressions d'un combattant. Un vol. in-12. Hachette, 1916.

MARÉCHAL FOCH AND HIS BATTLES. — Un vol. in-12. Scribners, New-York, 1916.

M. JONNART EN GRÈCE ET L'ABDICATION DE CONSTANTIN. — Un vol. in-12. Plon-Nourrit et Cie, 1918 (6e édit.).

OU EN EST L'ALLEMAGNE? — Un volume in-12. Hachette, 1922 (10e mille).

ITINÉRAIRES ALGÉRIENS. — Un volume illustré in-12, Paris, 1922 (publié par les soins du gouvernement général de l'Algérie).

LES HEURES TRAGIQUES D'AVANT-GUERRE. — Un volume in-18. Paris, 1923. La Renaissance du Livre (10e mille).

LA RUHR. — Un vol. in-18. Paris, 1923. Flammarion (8e mille).

LA BARRIÈRE DU RHIN. — Un volume in-18. Paris, 1923. Hachette (15e mille).

LE PRINTEMPS ROUGE, *Épisode de guerre et de révolution en Russie.* — Un volume in-16. Paris, 1924. Les Éditions de France (15e mille).

HISTOIRE DE LA TROISIÈME RÉPUBLIQUE. — Un volume in-8, Paris, 1927. Hachette (15e mille).

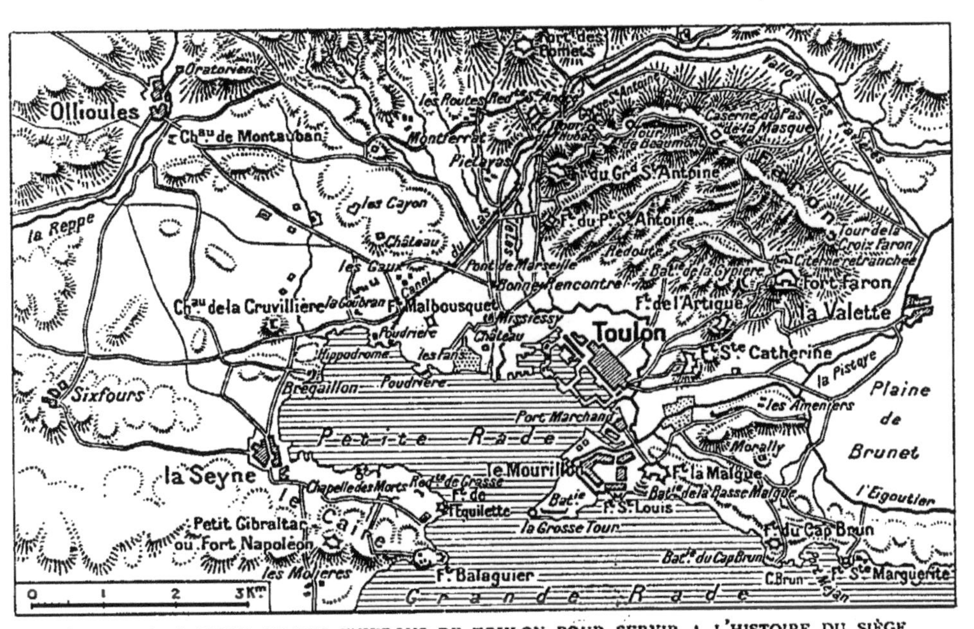

CARTE DE LA VILLE ET DES ENVIRONS DE TOULON POUR SERVIR A L'HISTOIRE DU SIÈGE

RAYMOND RECOULY

L'AURORE DE NAPOLÉON

BONAPARTE A TOULON

L·E·F

PARIS
LES ÉDITIONS DE FRANCE
20, AVENUE RAPP, 20

Il a été tiré de cet ouvrage :

SOIXANTE-QUINZE EXEMPLAIRES SUR PAPIER ALFA
numérotés de 1 *à* 75

ET TRENTE EXEMPLAIRES MÊME PAPIER HORS COMMERCE
numérotés de I *à* XXX

constituant proprement et authentiquement l'édition originale
et revêtus de la signature manuscrite de l'auteur.

PRÉFACE

Ayant, depuis plusieurs années, l'habitude de passer mes étés dans les environs de Toulon, j'eus la curiosité, après avoir lu les récits du siège de 1793, de visiter les lieux où se déroulèrent ses événements les plus marquants : le joli village d'Ollioules, quartier général de l'armée républicaine ; le château de Montauban, d'où l'incapable Carteaux prétendait foudroyer la flotte ennemie ; la Cruvilière, Lagoubran, la hauteur du Caire et les mamelons qui lui font face, au-dessus de la Seyne, où le jeune artilleur Bonaparte amena, par bonds successifs, ses canons, les rapprochant autant que possible de son objectif, les navires anglais ; les forts de Balaguier, de l'Eguillette, Malbousquet, les cimes du Faron, les hauteurs du Cap Brun et de la Garde, tous les en-

droits, en un mot, où furent livrés les principaux combats.

Ce siège eut sur l'histoire de Bonaparte, par contre-coup sur la nôtre, une influence telle que rien de ce qui le concerne ne nous laisse indifférents.

En dehors du plaisir que j'éprouvais à parcourir ces sites, les plus beaux du littoral méditerranéen, le souci de suivre le déroulement des faits m'a conduit à consulter, non seulement la plupart des livres publiés sur le siège, mais aussi ce que les érudits, les historiens locaux ont rassemblé dans leurs recherches, dont quelques-unes, assez curieuses, demeurent cependant peu connues.

La prise de Toulon, quelque importance qu'elle ait eue à son époque, n'est pourtant qu'un épisode, très saisissant, très dramatique, dans l'immense tragédie de la Révolution.

La présence et les débuts de Bonaparte lui confèrent un intérêt particulier. Le jeune Corse, inconnu jusque-là, commence à émerger de la masse anonyme, obscure, des combattants révolutionnaires. Toulon décide de ses destinées, qui décideront à leur tour des nôtres.

Comment apparaît-il à cette heure marquante de

sa vie? Comment sa personnalité commence-t-elle à se dégager, bientôt à s'imposer?

En attendant que ses qualités exceptionnelles se déploient sur un théâtre beaucoup plus vaste, il est possible de les observer ici dans un champ beaucoup plus restreint. C'est cette observation, cette recherche qui m'ont avant tout guidé.

La période la plus passionnante dans la vie d'un grand homme, d'un « héros », au sens antique du terme, est le moment, rapide, fugitif, où il passe de l'obscurité à la lumière, qui est comme l'aurore de sa renommée. C'est ce moment, très bref, mais trépidant, passionnant, rempli, si j'ose dire, de substance, que j'ai essayé de fixer.

Le lecteur trouvera, à la fin de ce petit volume, une indication détaillée des ouvrages, brochures, articles de revues ou de journaux auxquels j'ai eu recours.

Qu'il me soit permis d'adresser mes remerciements à tous les érudits toulonnais qui ont bien voulu me guider dans cette étude :

Au commandant Nel, admirablement informé sur ce qui concerne le rôle de Bonaparte pendant le siège, qui m'a obligeamment accompagné dans mes visites aux lieux les plus marquants ;

A MM. Parès, archiviste municipal, qui a réuni sur ce sujet une abondante documentation;

Henseling, directeur de la Bibliothèque municipale ;

Les dirigeants de la société « Les Amis du Vieux Toulon ».

BONAPARTE A TOULON

I

LE COUP DE DÉ

A l'origine d'une éclatante fortune, quels que soient le talent ou le génie de celui qui la réalise, il y a toujours un heureux coup de dé.

Prenez le meilleur cavalier du monde. Il peut bien se passer d'étriers, à la rigueur de selle, et chevaucher à poil, mais il ne se passera pas de cheval.

Au début de septembre 1793, l'armée républicaine de Carteaux qui, depuis Avignon, balayant devant elle les troupes démoralisées des fédéralistes, insurgés contre la Convention, marchait sur Toulon rebelle, livré aux

Anglais par ses propres habitants, venait, après un premier essai malheureux, de forcer les gorges d'Ollioules. Au cours de ces escarmouches, le commandant de l'artillerie Dommartin, blessé d'une balle, est obligé d'abandonner son poste. A qui donner cette place vacante?

« Sa Majesté le Hasard », comme disait, plein de respect pour cette divinité, le grand Frédéric, voulut qu'à point nommé, un capitaine de vingt-quatre ans, Bonaparte, ou plutôt Buonaparte, car c'est encore ainsi qu'il s'appelle, se trouvât là pour la saisir.

Voici notre homme en selle. Nous allons le voir chevaucher ; le spectacle en vaut la peine.

Car le cheval de la Fortune, surtout dans les périodes de trouble et de crise, passe à portée de bien des gens. Seuls, les audacieux sautent à l'instant sur son dos et, seuls, les cavaliers sûrs d'eux-mêmes ne se laissent pas désarçonner.

Cette occasion perdue pour lui, Bonaparte en eût immanquablement trouvé quelque autre. La chance est pareille au soleil qui luit pour tous, pas seulement pour quelques-uns. Jamais, pour qui sait la saisir, elle n'est aussi multiple, aussi diverse, aussi abondante que dans une révolution qui bouleverse l'ordre établi, brouille la hiérarchie des classes, met en bas ce qui est en haut, en haut ce qui est en bas.

II

TOULON LIVRÉ AUX ANGLAIS

Comment des Français, même royalistes, farouches ennemis des Jacobins, purent-ils commettre le crime d'introduire l'étranger dans leurs luttes intestines, d'amener l'Anglais, ennemi-né de notre marine, à Toulon, le plus puissant de nos ports? Quand on suit, dans les récits du temps, les négociations qui aboutirent à ce geste désespéré, fratricide, on voit de quelles perplexités, de quelles hésitations angoissantes, torturantes, il s'accompagna.

Le propre de ces crises violentes, tumultueuses, est, même pour ceux qui possèdent un sens assez juste, d'obscurcir la vue du droit chemin. Tout est bouleversé, confondu, ce qui est permis et ce qui ne l'est pas.

Le roi guillotiné, ce qui paraissait à beaucoup plus qu'un assassinat, presque un sacrilège, les Montagnards s'emparant par un coup de force de la Convention, se mettant eux-mêmes hors la loi dans le même temps qu'ils y mettaient les Girondins, tous ces actes de guerre intérieure, précipités sur un rythme impétueux, semblaient délier les citoyens de leur devoir d'obéissance.

Pourquoi serait-on tenu d'obéir à ceux qui désobéissent aux lois?

La résistance armée s'organise en de nombreux points du pays. Royalistes, anti-Jacobins, fédéralistes de Languedoc et de Provence, de Nîmes et de Marseille, vont essayer, mais sans énergie, sans cohésion, de donner la main à ceux de Lyon.

La passion politique a beau être des plus violentes, elle n'empêche pas les scrupules et, chez quelques-uns, les déchirements.

Ce qui se passe à Toulon, au sein de l'escadre, au moment où l'introduction des Anglais vient d'être décidée, en fournit une preuve éclatante. Tandis qu'un certain nombre d'officiers et d'équipages applaudissent à cette reddition, d'autres se révoltent, s'insurgent contre elle, songent à s'y opposer par tous les moyens. L'amiral Trogoff, royaliste, est prêt, sans hésitation ni remords, à introduire les Anglais dans la place dont il a la charge. Son second, l'amiral Julien, au contraire, voudrait les accueillir à coups de canon.

Joignez à ces divers sentiments la peur. Fédéralistes et royalistes toulonnais s'étaient, dès le coup d'État jacobin, révoltés contre la Convention ; ils avaient le sentiment d'avoir déjà accompli l'irréparable, franchi le Rubicon. Pour échapper à un châtiment inflexible, il ne restait qu'à appeler les Anglais. Leur coup de tête fut, à beaucoup d'égards, un acte de désespoir.

A Toulon, comme à Marseille, les « sections » conquièrent, sans grande peine, le pouvoir sur les clubs jacobins. A peine ont-elles engagé la lutte qu'elles remportent la victoire. Les Jacobins, hier tout-puissants, s'effondrent en un instant.

Comment expliquer ce fait, en apparence assez surprenant ? Essayons de le regarder d'un peu près. Il n'en est pas de plus curieux, de plus significatif.

A Toulon, et dans la plupart des autres villes, l'organe du pouvoir révolutionnaire, c'est le *club*. Les premiers temps, tous les éléments ou presque de la population y sont représentés : bourgeoisie libérale, éclairée, acquise aux idées nouvelles, qui doivent, croit-elle, rénover de fond en comble le gouvernement et la société, avocats, tabellions, professeurs, petits commerçants, ouvriers de l'arsenal, matelots. Mais il se produit vite un phénomène de nivellement par le bas, ouvriers et matelots prenant de plus en plus la haute main, imposant leur volonté, leur direction. Le club porte le plus souvent le nom de *Société populaire*, ce qui souligne nettement son caractère et ses tendances. Quel est au juste son pouvoir, quelles sont ses attributions? Le mot fameux de Sieyès sur le Tiers État s'appliquerait à lui à merveille : « Que doit-il être? *Tout* ! » C'est cela que, très vite, le club devient en effet.

D'abord centre de réunion pour recevoir et commenter les nouvelles de la capitale, discuter les événements du jour, à quoi se complaisent plus qu'ailleurs ces Méridionaux grands parleurs, il se transforme en une sorte d'assemblée législative, doublée d'un comité exécutif ; c'est-à-dire que tous les pouvoirs : exécutif, législatif, administratif, et même judiciaire, se trouvent, pêle-mêle, concentrés dans un corps anonyme, irresponsable.

Ses membres portent à leur boutonnière un œil peint sur un ruban tricolore, pour rappeler aux autres et à eux-mêmes que leur mission principale est une mission de surveillance et même de police.

A Toulon, les réunions ont lieu dans l'église Saint-Jean, qui a été ravie au culte, d'où tous les ornements religieux ont été soigneusement enlevés. Aux murs, des inscriptions révolutionnaires ; un drapeau polonais, hommage rendu à une nation opprimée qui combat pour son indépendance ; un lambeau de drap maculé de sang, la manche d'un garde suisse, massacré dans le palais des Tuileries, pendant la journée du 10 août. C'est un fédéré toulonnais qui, présent à cette journée, a rapporté chez ses compatriotes ce glorieux trophée.

Portefaix, bouchers, forgerons, charpentiers,

manœuvres de l'arsenal, rétameurs, ferblantiers, tourneurs, « travailleurs de la terre », tous les corps de métier sont représentés. Perdus dans cette foule d'ouvriers, quelques bourgeois, avocats, huissiers, écrivains de la marine, qui viennent là surtout pour ne pas être suspectés. La peur, plus que la conviction, les fait renchérir sur la violence des motions et des propos et aussi sur le débraillé de la tenue.

Le club est à peu près maître absolu des élections, par suite de l'abstention des modérés. Il est en relations étroites, quotidiennes, avec tous les autres clubs de la région, avec qui il entretient une active correspondance.

Les pouvoirs publics, les corps constitués, les fonctionnaires, les officiers tremblent devant lui. Il dispose d'une arme redoutable, dont il se sert à merveille : l'émeute. Tout d'abord, il se contente de pousser ses manifestants devant les maisons de ses adversaires pour chanter des airs révolutionnaires, le *Ça ira*. Bientôt, ces manifestations trop platoniques font place aux assassinats, aux massacres et aux pendaisons. Un air connu, tiré de l'opéra *Paul et Virginie*, a pour refrain :

N'en pendrem maï d'aristocrates.

(Nous pendrons encore plus d'aristocrates!)

Trois ans durant, le club exerce ainsi un pouvoir tout-puissant.

Mais ce pouvoir est fait surtout de la faiblesse de ses adversaires. Les excès, les violences des Jacobins indisposent peu à peu le gros de la population, amènent une réaction inévitable. Le jour où, parmi les opposants, se rencontre un chef, un vrai chef, la résistance s'organise aussitôt. Ce chef est un homme du peuple, un ouvrier en brides, Roux, appelé depuis *Roux Louis XVII.* C'est presque toujours du peuple que surgissent brusquement ces hommes d'énergie, prêts aux coups de main, entreprenants, audacieux, ne se laissant arrêter par aucun obstacle.

Un seul jour suffit pour abattre le club. Le 12 juillet 1793, les sections se réunissent, s'insurgent contre lui et le jettent par terre. Réunissant la garde nationale dans l'église des Minimes, Roux, par l'énergie de son attitude, excite, enflamme les assistants, fait signer par cent cinquante d'entre eux une protestation qui, d'après les lois révolutionnaires, lui donne le droit de se constituer en *assemblée primaire.* On saisit ici sur le vif ce trait inhérent au caractère, au tempérament français, qui est avant tout de formation légiste, juriste. Il lui faut, même en temps de révolution et d'émeute, observer, respecter les formes juridiques.

Quand, le soir du 9 Thermidor, Robespierre, ayant perdu la bataille à la Convention, peut la regagner à l'hôtel de ville où les Jacobins viennent de le ramener triomphalement, au moment de signer l'appel au peuple, l'ordre d'insurrection, il est subitement saisi d'un scrupule. Il s'écrie : « *Au nom de quoi ?* »

La pétition prête, Roux et quelques-uns de ses lieutenants se rendent à l'hôtel de ville. Le club, qui y domine, essaie d'abord de terroriser ces délégués. Il prétend les garder comme otages. Mais l'assemblée qui les a députés, qui a continué à siéger, ne les voyant pas retourner, s'empresse d'aller les délivrer. On sonne le tocsin. On bat la générale dans toute la ville. Le bataillon de la garde nationale prend les armes, s'empare des pièces de canon qui défendaient l'hôtel de ville. Il n'en faut pas davantage pour mettre en déroute les Jacobins.

Les sections ont le dessus. Elles organisent tout de suite le nouveau gouvernement.

Si ce coup de force, ce coup d'État, car c'en est un, réussit d'une manière aussi rapide et aussi éclatante, la principale raison réside à coup sûr dans le grand nombre, la majorité de royalistes qui se trouvent à Toulon.

Seulement, à Toulon, comme ailleurs et plus qu'ailleurs, il arrive immanquablement ceci : les dirigeants du mouvement étant, pour la plupart, des royalistes, quand ils luttent contre la Convention et les Jacobins, c'est en faveur de la royauté que, dans le fond de leur âme, ils entendent travailler. Leurs convictions royalistes ont vite fait de prendre le pas sur tout le reste. Au début, ils n'osent pas trop les montrer, crainte d'effaroucher une partie de ceux qui les suivent ; à mesure que les événements se précipitent, ils lèvent de plus en plus le masque. Parce qu'ils sont royalistes, ils n'hésitent pas devant ce qui aurait pu leur paraître un crime, introduire dans le port les Espagnols et les Anglais. C'est aux cris répétés de *Vive le Roi !*

Vive Louis XVII! que cette décision fatale est prise. Tous les moyens leur paraissent bons pour obtenir ce qu'ils désirent : le rétablissement de la royauté. Ils ne prennent pas garde que, parmi ces moyens-là, quelques-uns vont directement à l'encontre du but.

Déjà l'émigration constitue une faute lourde, une défaillance difficilement pardonnable. Elle consiste à déserter la bataille, avant même qu'elle se soit engagée, à considérer la partie comme perdue d'avance, à laisser la place libre aux adversaires, qui peuvent désormais faire tout ce qu'ils voudront.

Lorsque ces émigrés, à peine franchie la frontière, s'abouchent avec les gouvernements étrangers, les pressent d'intervenir en France les armes à la main, pour défendre une cause qu'ils ont eux-mêmes abandonnée, lorsqu'ils s'enrôlent de leur personne parmi ces troupes étrangères, prêtes à envahir le territoire national, leur faute devient beaucoup plus lourde encore ; peut-être même le mot de faute est-il insuffisant pour qualifier leur conduite. Ces émigrés, en effet, quand ils prennent les armes contre leur pays, n'ignorent pas et ne peuvent pas ignorer que les étrangers parmi lesquels, si légèrement, ils s'enrôlent, ne vont pas, pour les beaux yeux du roi de France, risquer ainsi leurs soldats et leur argent. C'est leur ambition, leur intérêt, qui par-dessus tout les pousse en avant, ambition et intérêt ne pouvant se satisfaire qu'au détriment de la France elle-même, à qui Anglais, Prussiens, Autrichiens, Sardes, Espagnols s'apprêtent à ravir, pour peu qu'ils le puissent, quelques morceaux du territoire, ou quelques colonies.

Le crime est plus grand encore lorsque les passions politiques, l'esprit de parti poussent, comme à Toulon, les royalistes du dedans à introduire des ennemis dans le plus puissant de nos ports de guerre.

Comment ces fautes ou ces crimes ne provoqueraient-ils pas dans le pays tout entier les plus violentes réactions ? Ils ont pour effet, tout d'abord, de produire une explosion de patriotisme sans égale dans notre histoire, qui éteint tous les autres sentiments, balaie toutes les résistances. La *République une et indivisible*, selon la magnifique formule du temps, se défend avec une sombre fureur contre tous ceux qui menacent son existence. Pour ses ennemis du dehors ou du dedans, aucune peine ne sera trop sévère. De là la férocité impitoyable de la répression et aussi sa rapidité, la façon sommaire, rudimentaire, souvent injuste, dont elle s'exerce.

Peur et passion politique faussent presque toujours la juste estimation des forces opposées. Avant de laisser pénétrer dans la rade Anglais et Espagnols, il aurait été sage d'évaluer à son exacte valeur le concours qu'ils pouvaient apporter. Il eût été prudent d'attendre le résultat des divers soulèvements, à Marseille, Nîmes, Lyon.

Or, c'est au moment même où ces soulèvements du Midi aboutissent à un échec retentissant que, par une décision moins criminelle encore que peu raisonnable, les Toulonnais ouvrent leur rade aux vaisseaux de Lord Hood, l'amiral britannique.

Le gros des forces républicaines, devenues disponibles et s'augmentant d'heure en heure, allait ainsi se retourner contre eux.

III

BONAPARTE CALCULATEUR ET JACOBIN

En regard d'adversaires qui calculent si mal, combien Bonaparte, lui, apparaît un excellent, un infaillible calculateur !

Quels sont ses sentiments, ses pensées, à l'heure où il prend ce premier commandement, qui va lui entr'ouvrir, avant qu'elles ne s'ouvrent devant lui toutes grandes, les portes de la renommée ? Il les livre, avec toute la précision possible, dans cet extraordinaire *Souper de Beaucaire*, un document précieux pour l'histoire de son esprit et sur lequel on n'insistera jamais trop.

C'est en juillet 1793, au lendemain de la victoire facile que Carteaux, général très médiocre, vient de remporter sur les fédéralistes, en Avignon.

Bonaparte, venu de Nice pour chercher un convoi de matériel, descend la vallée du Rhône au milieu des troupes républicaines. Il arrive à Beaucaire, le dernier jour de la foire fameuse, qui conservait encore tout son éclat, toute sa renommée. Les marchands y accouraient en foule de tous les coins de la France. Les populations de Languedoc et de Provence s'y donnaient rendez-vous.

Se souvenant de Platon, qu'il a lu, entre mille autres ouvrages, durant les longs loisirs de ses garnisons, le jeune capitaine imagine, au cours d'un souper, un dialogue entre quelques notables de la région : un Marseillais, un Nîmois, un négociant de Montpellier, réunis à Beaucaire pour leurs affaires ou leurs plaisirs.

Dans une vieille auberge provençale, avec sa salle en voûte, devant la vaste cheminée où rôtissent les volailles, sous la lumière tremblotante des chandelles ou de la lampe à huile, le « calen », la discussion s'engage sur les événements extraordinaires qui sont en train de s'accomplir.

Chacun exprime son avis. Le Marseillais, le plus échauffé contre la Convention, le Nîmois, l'habitant de Montpellier défendent, avec plus ou moins de vivacité, la cause des révoltés. Le jeune officier, c'est-à-dire Bonaparte, expose à ces civils les raisons péremptoires, à la fois politiques et militaires, de la supériorité des Jacobins.

Cet écrit, lu quelques jours plus tard aux Conventionnels en mission, fut fort approuvé d'eux, imprimé aux frais du Trésor.

On l'a appelé une œuvre de propagande, ce qui est vrai, mais à condition de s'entendre sur ce mot. Bonaparte se montre, certes, un merveilleux avocat ; il plaide remarquablement sa thèse, non point parce qu'elle est sienne, mais parce qu'il est convaincu qu'elle est vraie.

De cette conviction profonde jaillissent, comme d'une source bouillonnante, des flots d'arguments irréfutables, tombant, s'abattant sur les convives, sans leur laisser le temps de souffler.

De quel élan, avec quelle verve et quelle flamme, le militaire dirige cette attaque, ou plutôt cet assaut, contre ce petit groupe de civils qu'il va, en un rien de temps, contraindre à mettre bas les armes et à capituler !

C'est le technicien, l'homme du métier, qui fait la leçon à des profanes. La guerre ne s'improvise pas, comme les ignorants le supposent. Le professionnel y triomphe et y triomphera toujours de l'amateur. Des hommes, quelle que soit leur bravoure naturelle, arrachés, d'une minute à l'autre, à leur comptoir, à leur charrue, ne tiennent pas devant des troupes disciplinées et aguerries. Ce qui vient de se passer en Avignon le démontre. Il suffit que Carteaux, avec une poignée de soldats, esquisse une menace contre la ville, cependant protégée par de puissants remparts, pour que les royalistes se débandent.

Jamais le jeune Corse n'a été plus convaincu que lorsqu'il tient ce langage. Il est avant tout un soldat, fier de son métier, qu'il a étudié, approfondi, dont il connaît toute la technique, tous les secrets.

Et les arguments d'ordre politique ne sont pas moins irrésistibles. Quelles que soient les excuses des Girondins, lorsqu'ils essayent, ayant perdu la partie à Paris, de prendre leur revanche en province, de se dresser contre la Convention, ils sont vaincus d'avance. Les Jacobins sont les plus forts. Seuls, ils savent ce qu'ils veulent, et ils le veulent de toute leur âme.

Logique et puissance sont de leur côté. Ils vont jusqu'au bout de leur pensée, de leur doctrine, alors que leurs adversaires s'arrêtent à mi-chemin.

Ils poursuivent, à travers mille obstacles, mille crimes, la création d'une France fortement unifiée, centralisée, où les moindres impulsions du pouvoir central se feront sentir aussitôt dans le pays tout entier. Bonaparte, on pourrait déjà dire Napoléon, est de tout cœur avec eux. Leur doctrine est sa doctrine.

Rien plus que ce *Souper de Beaucaire* ne donne la clé de son esprit, de son caractère, de son tempérament.

La Révolution peut avoir commis des excès, massacré d'innocentes victimes, décapité un roi, qui ne mériterait pas un sort aussi sévère ; c'est une force de la nature, une force déchaînée, qu'il n'est pas toujours possible de maintenir dans de justes limites. La guerre, elle aussi, ne fait-elle pas périr, chaque jour, des innocents par centaines et par milliers? Et la Révolution est-elle autre chose qu'une guerre intérieure, dont l'issue victorieuse consacrera l'avènement d'un monde nouveau?

Un des traits essentiels de Bonaparte est son extraordinaire précocité. Il est homme fait, avec toute la force, tout l'épanouissement de son esprit, de son caractère, à l'âge où les autres sont encore de tout jeunes gens.

Les raisons de ce fait surprenant, de ce miracle, tiennent à sa nature, à ses dons, mais aussi aux circonstances ; car l'homme, surtout l'homme d'État, ne peut jamais être séparé du milieu dans lequel il se forme, qui exerce sur lui une influence puissante, jusqu'au jour où c'est lui qui le modifiera à son tour.

Dans la carrière politique et militaire de Bonaparte, entre vingt et un ans et vingt-quatre, en Corse, puis à Toulon, se devinent et même se découvrent les marques distinctives de son tempérament.

Une des plus notables est la rapidité fulgurante de la décision qui jaillit de lui toute prête, toute ramassée pour l'action. Aucune hésitation, aucun tâtonnement, aucun délai. Rien ne s'interpose entre la volonté et l'acte. Ce besoin d'agir sur les autres hommes, de prendre le fer sur eux, est inné en lui, et il se manifeste, dès le début, avec une force, une vivacité singulières. Pareil à un courant impétueux, il tend irrésistiblement à se répandre au dehors. Quand Bonaparte ne peut pas agir, il écrit, ce qui, pour lui, revient au même, ses écrits étant uniquement tournés vers l'action.

A côté de l'homme politique, du militaire, il y a chez lui un publiciste, un journaliste, sur qui ses historiens n'ont pas assez insisté.

La fameuse *Lettre à Buttafocco*, où le révolutionnaire corse qu'est Bonaparte donne libre cours à ses invectives et ses déclamations, est un véritable article de journal, un tract de propagande électorale, à l'adresse de ses compatriotes. Contre Buttafocco, représentant de la monarchie, de l'ancien régime, se dresse Bonaparte, tout acquis aux idées nouvelles.

Le *Souper de Beaucaire* est une autre manifestation de ce même besoin. Avant de se jeter dans la bataille proprement dite, Bonaparte ent en lui tant d'ardeur, tant de fougue, qu'il ne peut pas s'empêcher de batailler, la plume à la main. La plume ne fera que précéder, de quelques semaines, l'épée.

Il montre dans cet écrit les qualités qui font le vrai journaliste : la première de toutes, la clarté, puis la vigueur et le mouvement. Ceux qui le lisent se sentent emportés, sans avoir le temps de se reprendre, vers le but où l'auteur veut les amener.

Cette force toute-puissante de l'écrivain politique, plus grande que celle de l'orateur, dont l'influence est limitée à son auditoire, Bonaparte en fait, lui-même, l'essai, au commencement de sa carrière. Connaissant par expérience son efficacité, il n'aura garde, une fois le pouvoir conquis, d'en laisser le libre emploi à ses adversaires.

Parce qu'il s'en est servi contre les autres, il sait trop le parti qu'on pourrait en tirer contre lui. Ce serait une limite à sa domination, qui ne doit pas avoir de limites. Aussi s'empresse-t-il d'en interdire rigoureusement l'usage.

Pour tout ce qui concerne la politique et les affaires publiques, nul de ses sujets, lui tout-puissant, ne publiera rien qui ne soit en conformité stricte avec ses inspirations et ses vues. Une censure vigilante, féroce, pèsera sur tous les écrits. Rien ne s'imprimera que de son consentement.

Il ne se montre aussi sévère envers les écrivains et les journalistes que parce qu'il fut à ses débuts, en attendant mieux, un écrivain, un journaliste lui-même. Cette sévérité est, dans une certaine mesure, un hommage rendu à leur profession. Il ne la jugule et ne l'opprime que parce qu'il la redoute.

Ainsi le *Souper de Beaucaire* fait comprendre à merveille, à cette heure décisive de sa carrière, les dispositions morales et politiques de Bonaparte. Il est lié corps et âme à la Révolution, à la France nouvelle, la France d'hier n'étant plus rien pour lui. C'est moins encore le calcul ou l'intérêt que la conviction, les forces profondes de sa nature, qui dictent et expliquent ce choix.

Il est convaincu que, menée par les gens qui la mènent, la Révolution n'a rien à craindre de *ses ennemis intérieurs*. Pour un esprit géométrique comme le sien, *le centre aura toujours raison de la périphérie.* Quand on prétend gouverner un grand pays, c'est à la tête, à la capitale, qu'il faut viser, parce que là se trouve le principe tout-puissant de coordination et d'énergie. Les efforts des provinces sont toujours éparpillés, par cela même voués à l'insuccès. Les Girondins, s'ils voulaient se défendre, devaient engager la lutte au sein même de la Convention. Battus sur ce terrain, ils étaient battus sur tous les autres. Bonaparte, plus tard, se souviendra de cette leçon, quand il accomplira le coup d'État du 18 Brumaire.

Tranquille et sûre de vaincre du côté de ses ennemis intérieurs, la Révolution n'a pas davantage à craindre de ses ennemis extérieurs, pourvu qu'elle trouve des chefs militaires dignes de ce nom.

Quand ses ennemis du dedans pactisent avec ceux du dehors, ils deviennent des rebelles, des traîtres, ne méritant aucune pitié. Les punitions les plus sévères sont non seulement permises, mais nécessaires vis-à-vis d'eux.

Ce n'est pas seulement avec la Révolution, mais aussi avec la France, que Bonaparte a maintenant partie liée. Voici, dans l'évolution de ses idées, de sa carrière, un trait nouveau. Jusqu'alors, il avait surtout songé à la Corse, sa petite patrie. C'est vers elle que se tournaient ses aspirations, ses rêves. Il essaie par deux fois de se faire dans son île la place à laquelle ses talents lui donnent droit. Il y dépense une énergie, une activité incroyables. Il y trompe sa fringale d'action. Il y fait ses premières armes dans l'intrigue et la lutte politique.

En cette Corse montagneuse, famélique, mère gigogne des factions et des clans, on imagine l'extraordinaire contre-coup de la Révolution, l'écroulement de l'ancien régime, l'avènement d'un régime nouveau. Dans cette eau, qui subitement devient trouble, c'est à qui s'empressera de pêcher. L'île est depuis peu réunie à la France. La construction nouvelle n'a pas encore eu le temps de sécher. Résistera-t-elle à la tourmente, ou bien sera-t-elle emportée?

Le retour triomphal de Paoli, le héros de l'indépendance, ses premiers actes après son arrivée, ses rapports avec le gouvernement de Paris ou plutôt les gouvernements différents qui se succèdent si rapidement, autant d'éléments d'incertitude, autant d'inconnues et de complications dans une situation déjà, en elle-même, terriblement compliquée !

Au milieu de ces complications, de ces incertitudes, quel jeu va jouer Bonaparte? Il ne le sait pas exactement lui-même, quand il débarque de France, presque aussitôt après les premières nouvelles de la Révolution. Ce qu'il sait, en revanche, ce qu'il veut de toute la force de son âme, c'est jouer un rôle. Il faut que lui et ses frères se poussent tout de suite au premier plan.

Les élections se préparent pour la nomination des députés, pour l'attribution d'un certain nombre de postes civils et militaires. Mais qu'est-ce qu'une élection en Corse, sinon une lutte violente, acharnée entre deux factions rivales, menée par tous les moyens, parfois les armes à la main, presque un épisode de guerre civile? Les choses, au demeurant, n'ont pas beaucoup changé depuis plus d'un siècle.

Veut-on voir de près un de ces épisodes? Il s'agit de la désignation des lieutenants-colonels dans les bataillons nationaux, où Bonaparte brigue ardemment un des postes pour les quatre compagnies que fournit le district d'Ajaccio. Résolu à l'emporter coûte que coûte, il a pour concurrent — déjà ! — Pozzo di Borgo. C'est le début de cette rivalité féroce, qui se poursuivra jusqu'à Sainte-Hélène, que rien, ni les revers, ni la mort, ne saurait apaiser !

Bien qu'il soit loin d'être riche, Bonaparte dépense sans compter pour accroître le nombre de ses partisans. Il tient table ouverte dans la maison familiale de la rue Saint-Charles, au grand désespoir de Mme Lætitia sa mère, très épargnante, très regardante à ses moutons, ses sacs de châtaignes et ses écus. Jour et nuit, la maison, de la cave au grenier, est ouverte aux volontaires qui viennent en foule y manger et y dormir.

Arthur Chuquet raconte en détail l'histoire de cette élection qui jette un jour pittoresque sur les mœurs électorales corses et sur le caractère du futur Napoléon.

Les trois Commissaires du département, Quenza, Morati, Grimaldi, qui sont les maîtres du scrutin, arrivent de leurs montagnes. Chez qui vont-ils loger? Le choix de la maison qui les héberge indique nettement leurs préférences.

Bonaparte prend chez lui Grimaldi, une vieille connaissance. En voilà un qui ne saurait lui échapper. Mais ce n'est pas assez ; il en faut un second. Il apprend avec rage que Morati a choisi la maison de son rival Peraldi. Il importe de l'en arracher à tout prix, sinon la bataille est perdue. Bonaparte médite, prépare, exécute, avec une remarquable maîtrise, un véritable enlèvement. Comme toujours, la décision aussitôt prise, l'acte suit avec une rapidité fulgurante. Ses partisans, bien armés, se rendent, à la nuit tombante, chez Peraldi, couchent en joue le maître de la maison, enlèvent à sa barbe le commissaire, qu'ils entraînent dans la demeure de leur chef.

— J'ai voulu, lui dit simplement, cyniquement ce dernier, que vous fussiez libre ; vous ne l'étiez pas chez Peraldi. Ici, vous êtes chez vous !

Que penser de ce coup de main? Le tout jeune homme qui le conçoit et l'exécute ira loin !

Grâce à cet enlèvement, à cet escamotage, et malgré les protestations indignées de Pozzo di Borgo, le lendemain Bonaparte est élu.

Cet épisode de sa jeunesse le peint sur le vif, avec ses impulsions soudaines et cependant toujours raisonnées, son extraordinaire talent d'exécutant, qui lui fait éviter toute négligence, toute faute, son absence de scrupules.

Le succès, malheureusement, ne répond pas à ses efforts. C'est que, dans cette Corse bouillonnante, bourdonnante, il y a trop de candidats et pas assez de places. La ruche est trop petite pour ces abeilles ou ces frelons. Il faut que quelques-uns d'entre eux s'en aillent. Paoli, le maître tout-puissant, arrive vite à se méfier des Bonaparte, de tous ces frères si nombreux, si remuants, si désireux de se pousser coûte que coûte. Dans cette famille pullulante, il découvre de furieux appétits. Il parle avec sévérité du principal d'entre eux, de celui qui est le chef, bien qu'il ne soit pas l'aîné, Napoléon, qu'il appelle un *ragazzone inesperto*, un jouvenceau sans expérience. C'est parler de lui bien légèrement. Voilà un jugement que le vieil homme ne sera pas long à reviser !

La défiance, l'opposition, bientôt la haine de Paoli, scellent les destinées de Bonaparte et des siens. Il n'y a plus rien à faire pour eux dans leur île. «*Questo paese non é piu per noi*» (ce pays n'est plus pour nous), écrit-il mélancoliquement à sa mère, en l'invitant à faire ses paquets.

Toute la nichée, mère, frères et sœurs, légère de bagages et d'argent, s'échappe comme elle peut et débarque misérablement à Toulon.

Pour un jeune ambitieux comme lui, désireux d'agir, pressé de réussir, quelle riche école que ce séjour en Corse ! quel champ d'expérience, quelle leçon vivante d'intrigue et de politique, ces « deux cousines germaines », comme disait Beaumarchais !

Ses deux tentatives en Corse, surtout la dernière, ont échoué. De ce côté, il en a maintenant la certitude, toutes les voies lui sont barrées. La Corse est un petit théâtre, après tout, une scène secondaire. Pour Bonaparte, l'accessoire est de nulle valeur, il n'y a que l'essentiel qui compte.

Il existe un art, une doctrine de la guerre. Certains passages du *Souper de Beaucaire*

montrent le jeune officier se référant à des règles qu'il considère comme inébranlables, grâce auxquelles il détruit, en un tournemain, l'argumentation de ses interlocuteurs. Ces principes sont basés sur l'étude attentive, la réflexion, le raisonnement.

Logique, vigueur de la pensée, c'est par là que vaut avant tout cet écrit, entièrement tourné vers l'action ; car, pour Bonaparte, l'idée et l'action ne font qu'un. La pensée doit se projeter, se traduire instantanément en acte. C'est à ce désir intime qu'il obéit, quand il compose et fait imprimer son dialogue. Avant de frapper, de châtier les ennemis de la Révolution, pourquoi ne pas essayer de les convaincre, surtout par des arguments de fait, en leur montrant que leur cause est perdue d'avance?

Que le *Souper de Beaucaire* ne soit pas une œuvre d'imagination, qu'il y ait eu effectivement des conversations entre Bonaparte et des méridionaux, s'entretenant librement de ce qui faisait l'objet des préoccupations publiques, il n'est guère permis d'en douter. Le souper s'achève, après une discussion serrée, dans une détente, dans une bonne humeur générale. Le

Marseillais, qui est le principal adversaire, les négociants de Nîmes et de Montpellier étant plus qu'à demi convaincus, offre à ses convives quelques bouteilles de champagne, en guise de réconciliation.

L'officier républicain a, sans peine, fait toucher les épaules à ses contradicteurs. Il les a vaincus, non par le sentiment, la passion, mais par la raison. Il prouve, clair comme le jour, que les positions sur lesquelles ils s'appuient ne valent rien.

Des Marseillais songeraient à appeler à eux les Espagnols. Bonaparte leur montre, en même temps que la vanité de ce secours, la folie, la noirceur de ce crime, qui attirera sur eux un inexorable châtiment.

Quelques semaines plus tard, les Toulonnais, plus imprudents que les Marseillais, passant du projet à l'exécution, introduisent dans leur rade les Anglais. Il n'y a plus qu'à employer contre eux la force, à les faire rentrer dans l'ordre à coups de canon. C'est ce que Bonaparte s'apprête à faire ; car il est avant tout un artilleur et, le canon, c'est sa partie.

IV

AU PAYS DES OLIVIERS

Legi fidelis
Semper oliva.
(Fidèle à la loi,
L'olivier l'est toujours.)

C'est la vieille devise d'Ollioules, le pays des olives, la dernière étape sur la route d'Aix et de Marseille à Toulon.

Un simple changement de la lettre initiale et, du temps où il y avait des rois, peut-être, au lieu de *Legi*, pouvait-on lire : *Regi*. Le Provençal subtil n'est pas en peine pour trouver aux problèmes les plus difficiles une ingénieuse solution.

Au débouché des gorges, au fond desquelles un torrent, la Reppe, se fraye péniblement un passage à travers les rochers éboulés, le bourg adosse son troupeau compact de maisons à la colline, que domine le château ruiné des Grimaldi.

De tous côtés, bien exposées au soleil, abritées du mistral, s'étagent les terrasses d'un sol maigre, péniblement conquis par le labeur, l'effort successif des générations, sur les broussailles et les pierres. Ce sont les « restanques » où, depuis des siècles, pousse et prospère le sobre olivier. De nos jours, les fleurs : œillets, tulipes, anémones, renoncules, remplacent un peu partout l'arbre de Minerve.

Quand on vient de Marseille ou d'Aix, après les paysages arides et desséchés de l'intérieur, les arêtes rocheuses des montagnes de la Sainte-Baume, une route difficile et zigzaguante, par moments presque pareille à un tunnel, serpente au flanc d'une vallée encaissée, profonde, au bas de laquelle coule le torrent.

Au sortir de ce couloir enténébré, le débouché en pleine lumière est un enchantement. La grâce, la douceur méditerranéennes vous prennent, vous enveloppent subitement. Voici, de toutes parts, les orangers, surtout les fleurs, les environs d'Ollioules n'étant qu'un immense champ de fleurs.

Après la reprise des gorges, le quartier général de l'armée républicaine, qui se trouvait au Beausset, est transporté à Ollioules. Bonaparte loge dans une vaste maison, le type de la demeure provençale, qui se trouve dans la partie supérieure du village, et sert aujourd'hui d'école primaire.

Dès que Dommartin, commandant l'artillerie, a été blessé, les représentants en mission, Salicetti, qui connaît déjà Bonaparte son compatriote, Gasparin, prennent sur eux de le retenir, bien qu'il fasse partie de l'armée d'Italie ; ils lui confient le poste vacant. Le jeune capitaine leur a lu, quelques semaines avant, son *Souper de Beaucaire* ; il y a de plus, en lui, quelque chose qui commande la confiance. Maigre, sec, dans son pauvre uniforme d'artilleur, dont il est très fier, le visage tendu, comme dévoré par une flamme intérieure, le regard impétueux, le parler bref et net, il dégage un fluide magnétique dont ceux qui l'approchent ressentent tous, plus ou moins, les effets.

Ce qu'on appelle, dans les affaires humaines,

le hasard, est chose infiniment complexe, la résultante d'une quantité de facteurs, s'entremêlant étroitement les uns aux autres, difficiles par cela même, sinon impossibles, à dissocier.

Soumettez-les à un examen attentif, à une analyse minutieuse, vous découvrirez que certains d'entre eux, les moins nombreux peut-être, sont du domaine de la *chance pure*. Pour les autres, l'énergie, l'habileté, la prévoyance du personnage intéressé entrent en jeu, si bien que, souvent, ce qui paraît de prime abord le seul effet des circonstances est dû en réalité à telle ou telle démarche heureusement inspirée, à tel ou tel geste accompli quelque temps auparavant par l'homme que la chance semble avoir comblé. Ainsi le domaine de cette dernière se rétrécit dans la mesure où celui de l'activité de l'industrie humaine augmente.

Dans le cas présent, si ce jeune capitaine, inconnu jusque-là, est vite apprécié des représentants, investi par eux d'un commandement important, le *Souper de Beaucaire*, dont il leur a, quelque temps avant, donné lecture, y a certainement contribué.

***

Bonaparte est déjà venu à Toulon. Ville et région lui sont familières. C'est là qu'il a débarqué avec tous les siens, lorsque, quelques mois auparavant, il a dû s'enfuir de Corse, exilé, proscrit. Sa mère, ses sœurs se sont, pendant quelque temps, installées dans la banlieue toulonnaise, à La Valette. C'est au milieu du petit village, au tournant de la grande route qui le traverse : une humble et pauvre maison sur laquelle une plaque commémorative a récemment été apposée. Chétive installation, deux chambres minuscules, où les fugitifs s'arrangent comme ils peuvent, pêle-mêle, et dont, à leur départ, ils sont hors d'état de payer le loyer...

Des traditions locales, recueillies par le commandant Nel, le récent historiographe du siège, montrent Bonaparte, dès son arrivée au quartier général, parcourant à cheval la région, montant en haut de la colline de Six-Fours, admirable observatoire, d'où le regard domine et embrasse toute la contrée.

Six-Fours, pareil à une acropole, haut piton

que l'on découvre de tous les côtés, est maintenant une place morte. Tous ses habitants l'ont, peu à peu, abandonné pour les villages voisins : Reynier, Sanary, Le Brusc. Quand on y grimpe, par une pente roide, par un chemin aux brusques lacets, on n'y trouve plus que maisons éventrées, sans portes, fenêtres, et souvent même sans toitures, des pans de murailles achevant de crouler. Au milieu de ces ruines, de cette solitude, quelque vieille femme, un enfant menant paître un troupeau de chèvres efflanquées.

La plaine, plus fertile et d'un accès facile, a fait refluer vers elle les habitants du mont.

Tout le long de cette côte provençale, non loin des rivages à chaque instant insultés, ravagés par Sarrazins et Barbaresques, les populations furent longtemps obligées de se réfugier en haut des monts pour se soustraire à leurs incursions. La mer apporte à chaque instant l'envahisseur, contre lequel la montagne offre un abri. Mais, passé le péril, tout ce qui était monté redescend.

Les militaires et les marins, chargés de défendre Toulon, n'ont pas laissé, le long de cette côte, exceptionnellement découpée, dentelée, un cap, une pointe, une colline, sans y construire, à grand remuement de terre, à grands efforts et à plus grandes dépenses, quelque fort ou quelque batterie.

Seulement, batteries et forts sont soumis au règne tyrannique et changeant de la mode, autant et même plus que les divers éléments de la toilette féminine. Tel d'entre eux, possédant, croyait-on, une grande valeur militaire, il y a vingt, trente ou cinquante ans, pour lequel on a jeté sans compter les millions, du jour au lendemain est abandonné comme ne valant plus rien.

C'est ce qui est arrivé au fort construit sous Napoléon III, à la partie supérieure de Six-Fours.

Des talus qui bordent ses énormes et massives murailles, l'œil embrasse, dans leur ensemble, la terre et la mer qui, en aucun autre lieu du monde, ne se mêlent, ne se pénètrent aussi étroitement.

Voici le Revest, le Faron, le Coudon, les hautes montagnes qui ferment Toulon du côté de la terre ; les larges et robustes pentes de Sicié, la presqu'île effilée de Saint-Mandrier, plus loin la Colle Noire, les promontoires et les caps qui en interdisent l'entrée du côté de la mer...

Comme un grand joueur d'échecs parcourt d'un coup d'œil tout l'échiquier, à la fois la position et le rapport de chacune des pièces entre elles, Bonaparte n'a pas son pareil pour « lire » un terrain, avec le maximum de précision et de rapidité. Il en prend une vision instantanée, qui se fixe dans son esprit pour ne plus en sortir.

Ce don, un des plus précieux pour l'homme de guerre, il le possède, dès le début de sa carrière, à un inimaginable degré. On peut même dire que jamais être humain ne le posséda comme lui.

Sa vision intérieure, sa mémoire lui présentent immédiatement, par la suite, les particularités, les traits essentiels d'une région, sur laquelle ses yeux se sont une fois posés : accidents du sol, montagnes, fleuves, obstacles, tout ce qui, en un mot, peut être utilisé par le commandant d'une armée. Ce qu'elles lui présentent surtout, et là est sa marque distinctive, ce sont les distances. Il pense « par toises », « par lieues », comme d'autres, le plus grand nombre, pensent par des images et des mots.

Son mécanisme cérébral est à cet égard la chose la plus curieuse à observer. Cette observation pourrait être poursuivie tout le long de sa vie, depuis ses premiers ordres d'opérations jusqu'aux Mémoires dictés à Sainte-Hélène et aux souvenirs du *Mémorial*.

Alexandre Dumas raconte qu'étant enfant, quelques jours avant Waterloo, il vit, à Villers-Cotterets, passer l'Empereur qui, accompagné de son aide de camp Letort, s'en allait, à toute allure, rejoindre ses armées.

Napoléon sommeille dans sa berline. L'arrêt des chevaux devant la maison de poste l'éveille subitement :

— Où sommes nous? dit-il.

— A Villers-Cotterets, Sire.

Et du coup, Napoléon :

— A six lieues de Soissons, alors ?

— A six lieues de Soissons, oui, Sire.

Ainsi, la première idée qui lui vient, à son brusque réveil, c'est une notion de distance.

Prenez ses ordres, le récit de ses campagnes, c'est toujours le même mécanisme, les mêmes visions géographiques, se traduisant instantanément par la description précise des reliefs du sol, des positions : fleuves, cols, défilés, et surtout l'indication des distances. Là est la marque profonde, originale, de son esprit.

Veut-il indiquer, au siège de Toulon, l'emplacement de la première batterie, que Carteaux, dans son ignorance et son incapacité, voulait installer tout près d'Ollioules, et trop loin de la rade par conséquent ?

« Elle était située, dit-il avec exactitude, sur sur une petite hauteur, *à deux mille toises* du rivage. Carteaux supposait qu'elle pourrait brûler l'escadre mouillée à *quatre cents toises* du rivage, c'est-à-dire à *une grande lieue* de la batterie. »

Cherche-t-il, avant de raconter son immortelle campagne d'Italie, en 1796, à décrire le terrain sur lequel elle a été livrée ? c'est une pluie d'indications précises : direction des montagnes, longueur des chaînes, forme géométrique des pays, distance des principaux points entre eux. Songez qu'il dicte tous ces détails à Sainte-Hélène, n'ayant à sa disposition qu'une bibliothèque des plus rudimentaires et plus de vingt ans après les événements.

Un paysage, pour lui, n'est pas un état d'âme, mais un état des lieux, disons plutôt un état des lieues.

Jamais être humain n'emmagasina un aussi vaste répertoire où chaque région, chaque champ de bataille, réel et possible, est, comme dans un fichier bien tenu, enregistré une fois pour toutes, avec les renseignements, les indications, les statistiques dont l'homme de guerre peut avoir besoin à chaque instant.

L'entraînement, une gymnastique cérébrale incessamment poursuivie, développeront, enrichiront par la suite, jusqu'à d'invraisemblables limites, ce don inné chez lui, qui éclate du premier coup dans toute sa force et dont on peut suivre, à Toulon, les manifestations.

V

SUR LA TERRASSE DE MONTAUBAN

Du village d'Ollioules, deux hauteurs, entre lesquelles passe aujourd'hui la grande route de Toulon, masquent la ville et la rade. Au pied du mamelon de droite, sur le versant sud, se trouve un des plus jolis, un des plus curieux châteaux de la région. Peu de gens soupçonnent son existence, abrité des regards, dissimulé qu'il est par un repli du terrain.

C'est la vieille demeure de Montauban, qui date de 1622, comme l'indique un chiffre gravé sur la façade. Elle a la noblesse robuste et sobre des constructions provençales : deux tourelles d'angle, encadrant une façade simple, qui vaut par l'harmonie des proportions, l'exceptionnelle beauté du site, une vaste terrasse ombragée, à laquelle aboutissent des escaliers bien dessinés. Ce fut, sous l'ancien régime, une des résidences des évêques de Toulon. L'un d'eux, Mgr de Montauban, dans la seconde moitié du XVIIIe siècle, lui donna son nom.

Rien n'a été changé dans l'aspect et les abords du château. Une allée de superbes cyprès, comme on n'en voit qu'en Italie, conduit de l'entrée principale à la terrasse. L'élégance des portails et des grilles, une magnifique volière, l'importance des communs dénotent une demeure qui dut être fastueuse. Au pied du piton escarpé, élevé, auquel elle s'adosse et qui la domine, ont été creusées tout un labyrinthe de galeries souterraines, à l'entrée desquelles se trouve une grotte avec des rocailles.

A deux pas d'Ollioules, c'est un des points d'où l'on découvre le mieux la ville, le port, la rade, au XVIIIe siècle surtout où, à la place des pins plantés un peu partout, dont certains ont atteint une haute taille, ne se trouvaient guère que de maigres et bas oliviers. La terrasse de Montauban est, pour l'état-major de Carteaux, un poste de commandement confortable et tout indiqué.

Carteaux, général « sans culotte », comme l'appelait Hoche, n'avait, bien qu'il commandât en chef, que des notions très vagues sur le tir de l'artillerie. Où donc, au demeurant, les aurait-il puisées ? Ancien enfant de troupe, soldat, peintre une fois son service terminé, c'est surtout la journée du 10 août, où il se bat du côté des émeutiers, qui décide de sa brillante carrière. Quelques succès faciles remportés sur les fédéralistes, à Lyon, puis en Avignon, lui permettent de franchir coup sur coup tous les grades, de passer de colonel général en chef Ses talents n'ont pas suivi cette rapide progression.

Fier de sa personne, avantageux, beau parleur et quelque peu débraillé, ce qui paraît de bon ton à cette époque, il n'a à la bouche que les mots d'assaut, de baïonnette ; il ne songe qu'à enlever Toulon de vive force, sans prendre garde que c'est un dur morceau, sur lequel ses dents risquent de se casser.

Accompagné de sa femme, vigoureuse et forte gaillarde qui ne le quitte pas d'une semelle, lorsqu'il transfère son quartier général du Beausset à Ollioules, il ordonne, par réquisition, qu'on emporte avec lui son lit, craignant qu'il ne soit difficile de trouver ailleurs une couche assez vaste, assez résistante pour un ménage de cette corpulence.

Peu après l'arrivée de Bonaparte, le 13 septembre, désireux de lui offrir un spectacle de haut goût, Carteaux conduit le jeune artilleur à une batterie qu'il a fait établir *pour brûler, assure-t-il, l'escadre anglaise.* Or, elle est située à une grande lieue du but, c'est-à-dire à une distance double ou triple de la portée de ses canons.

« Les grenadiers, écrit plus tard Napoléon, disséminés dans les batteries voisines, étaient occupés à chauffer les boulets avec des soufflets de cuisine. Il est difficile d'imaginer rien de plus ridicule. »

Marmont, d'après des témoignages directs, agrémente de quelques détails piquants le récit de cette scène qui, d'après le commandant Nel, se serait passée sur la terrasse de Montauban. A la fin d'un dîner, où le général en chef a convié Bonaparte, échauffé par les mets et les vins, il songe à lui montrer comment des boulets républicains vont incendier les vaisseaux royalistes. Ces boulets, malheureusement, n'arrivent pas à moitié chemin. A peine a-t-on tiré les premiers coups qu'on est bien obligé de le constater...

La terrasse de Montauban est un admirable observatoire, mais elle est, pour les batteries, un emplacement détestable. Elle permet de voir les vaisseaux anglais, non de les atteindre. C'est à les atteindre que songe avant tout Bonaparte quand il rentre, le soir venu, au quartier général, avec son chef incapable et déconfit.

Ce qu'il veut, et ce qu'il faut, c'est, sans une minute de répit, se rapprocher de la rade, afin de tirer à boulets rouges sur cette flotte qui craint comme le diable les boulets incendiaires. Tout le secret du siège est là.

Pour un artilleur impétueux et passionné comme lui, ayant l'amour, le culte de son métier, quelle cible magnifique que ces vaisseaux de haut bord, mouillés là, presque à ses pieds, avec leur puissante carène, leur svelte mâture, pointant droit vers le ciel, comme un clocher de cathédrale, le fouillis entrelacé de leurs cordages !

Peut-on imaginer une joie plus excitante que de lancer sur eux des salves bien dirigées ?

Qu'on le laisse faire ! Bientôt boulets et bombes vont pleuvoir sur les vaisseaux.

VI

LE CAPITAINE ET LE SOLDAT

Pour se rendre compte exactement du rôle de Bonaparte à Toulon, il faut s'en tenir avant tout aux documents officiels, à la correspondance des représentants en mission, à celle de Bonaparte lui-même. Les mémoires des contemporains, se complétant ou se corrigeant l'un l'autre, permettent de se faire une idée nette et colorée des événements. Il y a enfin le récit dicté par Napoléon à Sainte-Hélène.

Stendhal, juge excellent, peu suspect de partialité envers Napoléon, sur qui il porte, en mainte reprise, des jugements sévères, estimait que son récit du siège, ainsi que celui de la campagne d'Italie, étaient, dans leur ensemble, conformes à la vérité. Nous pouvons nous en tenir sans crainte à cette opinion de Stendhal.

A mesure que son rôle grandit, quand il s'est emparé du pouvoir, qu'il est devenu empereur, Napoléon a souvent un intérêt politique à déguiser les faits militaires, à les présenter autrement qu'ils se sont passés. Pendant cette première période, qui est d'ailleurs la plus belle pour sa gloire, et même la seule vraiment belle, ces raisons n'existent pas.

La correspondance, les pièces officielles confirment, dans l'ensemble, le récit de Sainte-Hélène. Si l'on compare les rapports des représentants en mission avec ceux de Bonaparte, il est facile de trouver, en maint endroit, une concordance frappante entre les deux. Non seulement la pensée, mais les termes, sont presque identiques. Ceci a, selon toute vraisemblance, inspiré cela. Le jeune capitaine d'artillerie, qui possède ce premier et grand avantage de savoir admirablement son métier, gagne à ses vues les représentants tout-puissants, de qui dépend la désignation des généraux. Les promotions rapides qu'ils lui accordent, le déplacement des deux commandants en chef sont les marques de leur confiance.

Ce qu'il y a au fond de cette confiance, c'est avant tout l'ascendant d'une âme forte, d'une intelligence à la fois lumineuse et profonde, d'un caractère vigoureusement trempé. Cet ascendant, dont l'histoire de Bonaparte à ses débuts fournit les plus éclatants exemples, il commence à s'exercer ici.

Le 13 Vendémiaire, quand il reçoit d'une Convention affolée le commandement qu'il doit exercer, sous l'autorité purement théorique de Barras, ce qui n'est pas sans ironie, dès la première minute, en pleine nuit, il donne clairement, lucidement, surtout *instantanément*, tous les ordres nécessaires, grâce auxquels les sections seront mitraillées, écrasées le lendemain.

A peine investi de ce commandement, au milieu de la nuit et sans perdre une minute, Bonaparte dresse un inventaire précis, détaillé des forces dont il dispose, en hommes et en armes. C'est avant tout de canons dont il a besoin, pour mitrailler les insurgés, sûr, en bon artilleur qu'il est, que ceux-ci, quel que soit leur élan, ne résisteront pas à quelques salves bien dirigées.

Combien de canons aura-t-il? Où sont-ils?

Les batteries qui devraient être là, sur place, se trouvent au camp des Sablons, à une assez grande distance.

Il faut les faire venir sur-le-champ. Un autre aurait attendu jusqu'à l'aube, et alors il aurait été trop tard. Bonaparte, lui, n'attend pas, sachant à quel point les minutes sont précieuses à la guerre.

Il convoque immédiatement Murat, son homme de confiance, qui n'a pas son pareil pour ces coups de main. Il lui commande de prendre ses cavaliers, de partir à toute allure pour les Sablons et de ramener les pièces avant le jour.

Cet ordre s'exécute à point nommé. Murat arrive aux Sablons juste à temps. Les chefs des insurgés, ayant eu la même idée que Bonaparte, voulaient s'emparer des canons, eux aussi.

Seulement, Bonaparte l'avait eue avant eux. Murat, avec ses hommes à cheval, en plaine, a nettement l'avantage sur les insurgés à pied, qu'il peut sabrer. Il emmène les pièces, grâce auxquelles, le lendemain, Bonaparte remporte une facile victoire.

La décision foudroyante, un de ses dons essentiels, n'éclate nulle part avec autant de force.

Lorsque, quelque temps après, nommé commandant en chef de l'armée d'Italie, il se trouve, jeune homme de vingt-six ans, en présence de généraux beaucoup plus âgés : Augereau, Masséna, ayant plus que lui l'expérience de la guerre; dès la première prise de contact, à Albenga, il les domine, il les conquiert avec une facilité, une rapidité, une maîtrise indiscutable autant qu'indiscutée.

Ce don du commandement se manifeste pour la première fois à Toulon. Il est fait d'une supériorité intellectuelle et morale. Dans un siège où le canon jouera un rôle prépondérant, Bonaparte est un artilleur-né. Tout ce qu'un artilleur de son temps doit et peut savoir, nul ne le sait aussi bien que lui.

A ces qualités professionnelles s'ajoutent une vigueur, une force d'esprit sans pareille. Il a lu non seulement tous les livres, tous les traités qui touchent à son métier, mais les ouvrages des historiens, des philosophes.

Et les leçons de la vie sont venues bien vite compléter, enrichir ces enseignements. Dans une période tumultueuse, aussi riche en événements de toutes sortes, chaque semaine, chaque jour apporte le sien.

Nul, quand il s'agit de mesurer, de calculer les forces en présence, ne montre un jugement aussi sûr. Dès son arrivée à Toulon, il découvre que les maîtres du pouvoir, ceux qu'il est indispensable d'avoir avec soi, ce sont les représentants de la Convention, de qui dépendent les décisions suprêmes. Il les gagne à ses projets, il s'empare de leur esprit, de leur volonté, non point par des paroles, dont l'effet est toujours passager, incertain, mais par des actes, en leur montrant de quoi il est capable. Car les projets, si bien conçus soient-ils, ne sont jamais que des constructions théoriques. Seule l'exécution leur donne leur valeur et leur prix. Bonaparte, dont les projets sont clairs, bien ordonnés, faciles à comprendre par des Français épris de logique, aimant les raisonnements solides, les déductions rigoureuses, est de plus un maître exécutant ; il réalise avec la même rapidité, la même vigueur qu'il conçoit. Conception et réalisation, idée et acte ne font qu'un. Tous les éléments dont il peut disposer, les matériaux comme les hommes, il les prend, les rassemble avec son extraordinaire faculté d'organisation. Il en tire aussitôt le maximum de ce qu'ils peuvent donner.

Le cerveau qui conçoit et le bras qui exécute, le capitaine et le soldat, voilà l'extraordinaire spectacle de Bonaparte devant Toulon.

VII

DE QUOI S'AGIT-IL?

La ville et la rade de Toulon, les découpures dentelées du rivage, la masse puissante du cap Sicié, faisant pendant à la pointe d'Escampo-Barriou, dans la presqu'île de Giens, la suite variée des caps, des criques, des calanques, les falaises du cap Brun, où la teinte sombre des pins fait ressortir le rouge doré des rochers surplombant la mer, le paysage velouté qui s'étage aux pentes roides du Faron et du Coudon, ces deux Dioscures toulonnais, cet extraordinaire lac marin constituant la petite et la grande rade, fermé comme par un double cadenas, l'ouverture intérieure, la plus petite, de la pointe de l'Éguillette à l'extrémité du Mourillon, la plus grande, depuis le cap Cépet, dans la presqu'île de Saint-Mandrier, jusqu'au cap de Garde, à la pointe extrême de la Colle Noire, tout cela forme un admirable paysage, le plus beau certainement de toute la côte provençale.

Son trait original, c'est, en même temps que sa variété, son unité. L'œil, sans jamais cesser d'apercevoir l'ensemble, s'accroche aux mille détails qui le constituent, et qui sont comme les facettes de ce diamant.

Toulon est une place forte et en même temps un port. Formidablement défendue contre une attaque terrestre, elle passe, à juste titre, pour un camp retranché imprenable ; plusieurs fois assiégé, il n'a jamais été pris. Vauban, grand remueur de terre, a couvert de fortifications non seulement la place elle-même, mais ses abords. Une ceinture de puissantes murailles, portes, pont-levis, fossés, une ligne de forts, juchés sur toutes les hauteurs et décrivant un vaste demi-cercle. Au nord, dominant à pic la ville, la masse puissante du Faron atteint une altitude de près de 700 mètres et porte un fort à son sommet. Les pentes escarpées de la montagne constituent de ce côté un obstacle presque insurmontable.

De l'ouest à l'est, le fort Malbousquet situé sur une éminence, les Pomets, la redoute Saint-André, les deux Saint-Antoine, le fort d'Artigues, Sainte-Catherine, la Malgue, croisent étroitement leurs feux. C'est une ligne ininterrompue à travers laquelle nul ne peut passer.

La rade et le port sont cependant moins faciles à défendre que la ville elle-même. Le front de mer, à cause de la forme extrêmement découpée du rivage, tout en caps et en criques, est d'une extraordinaire longueur, exigeant des effectifs considérables pour être tenu solidement partout. Les alliés ne disposent pas de ces effectifs, ce qui est pour eux une première et grave faiblesse.

En voici une seconde, tout aussi grave. La rade est comme un grand bassin que le littoral accidenté enserre presque de toute part. De deux côtés, les rivages se rejoignent, comme les deux branches d'une pince. Si les assiégeants s'emparent d'un de ces points qui commandent le goulet, il leur est facile d'atteindre de leurs projectiles les vaisseaux, de rendre ainsi intenable tout ou partie de la rade, de menacer, sinon de couper, les communications entre le port et la haute mer.

Ainsi le port et la rade, par suite de leur configuration, des hauteurs qui les dominent, *sont beaucoup plus vulnérables que la place forte.* C'est donc de ce côté que l'assaillant doit diriger de préférence ses efforts et ses coups.

En d'autres termes, le plus important, à Toulon, n'est pas la terre, mais la mer, par où ont pénétré les flottes ennemies, par où passent de toute nécessité les ravitaillements. Les communications maritimes menacées, la rade rendue intenable aux navires, la place tombe fatalement d'elle-même ; ce n'est plus qu'une question de jours et peut-être d'heures. Voilà ce que Bonaparte discerne nettement du premier coup.

Carteaux, avec son esprit borné, ses conceptions courtes, ne voit que les forts et les murailles, qu'il songe à enlever à la baïonnette, pareil au taureau fasciné par la « muleta », le morceau d'étoffe rouge. Bonaparte, lui, cherche le toréador.

Quel est l'endroit de ce rivage d'où des batteries bien placées pourront, à leur aise, lancer leurs boulets rouges contre les vaisseaux? Tel est le problème à résoudre. C'est un problème de raisonnement autant que de stratégie et d'artillerie.

Il est un point qui commande le goulet de la petite rade, situé sur la colline au dessus des deux petits forts de Balaguier et de l'Éguillette, dont les murailles s'avancent juste au niveau de la petite passe. Occupez cette hauteur, les deux petits forts au-dessous sont à vous. Rien de plus facile, dès lors, que de bombarder à votre aise la plus grande partie de la petite rade, de menacer la passe, de rendre ainsi l'entrée et la sortie des bateaux difficile, sinon impossible, de les obliger, par conséquent, à se retirer sans retard, sous peine d'être pris dans cette souricière.

C'est une découverte des plus simples en apparence, quelque chose comme l'œuf de Christophe Colomb. Encore fallait-il y songer. Dans la guerre, comme dans la vie, les plans les plus simples sont presque toujours les meilleurs, ce qui ne veut pas dire qu'ils soient découverts du premier coup.

On a dit que cette idée était dans l'air, que Bonaparte n'avait fait que s'approprier ce à quoi beaucoup d'autres, les représentants en mission notamment, avaient songé avant lui ou en même temps que lui. Tout est dans l'air, les idées comme les ondes sonores ; mais il faut une tête ou un poste pour les capter.

Là-dessus se sont engagées des discussions interminables, les uns soutenant que Bonaparte a tout fait et les autres qu'il n'a rien fait.

Laissant de côté ces querelles, si l'on s'en tient à quelques textes incontestables, la correspondance officielle des représentants et de Bonaparte, les rapports au Comité de Salut public, ils établissent, entre Bonaparte et les Conventionnels, une confiance sans limites, une entière concordance de vues.

Après l'avoir, de leur propre décision, investi de son commandement, les représentants lui font accorder, coup sur coup, les plus rapides promotions : commandant, colonel, puis, la victoire obtenue, général. C'est parce que Carteaux et son successeur Doppet sont incapables de comprendre, encore moins d'exécuter le plan consistant à attaquer les hauteurs du Caire que les représentants demandent et obtiennent leur remplacement.

Trente ans après, à Sainte-Hélène, Napoléon, peu de temps avant sa mort, se souvient de l'un d'eux, celui qui joua le rôle le plus important, Gasparin, un ancien officier de métier, intelligent, connaissant bien les choses militaires. Dans un codicille de son testament, il lègue cent mille francs à ses descendants « pour avoir, dit-il, protégé et sanctionné de son autorité mon plan qui a valu la prise de cette ville et qui était contraire à celui envoyé par le Comité de Salut public. Gasparin nous a mis, par sa protection, à l'abri des persécutions, de l'ignorance des états-majors qui commandaient l'armée, avant l'arrivée de mon ami Dugommier ».

La vérité, sans aucun doute, parle par la voix de ce mourant.

Les représentants et Bonaparte sont entièrement d'accord sur le plan d'opérations.

Il existe à cet égard un document capital. C'est une lettre de Salicetti, un des représentants, compatriote et ami de Bonaparte, au Comité de Salut public, en date du 26 septembre, c'est-à-dire tout au début du siège. Il est cité par Aulard dans ses documents sur la Révolution. Tous les efforts, dit Salicetti, « doivent tendre à brûler ou chasser l'escadre ennemie de la rade et se borner, quant à Toulon, à couper les communications avec le dehors ». Ainsi, pour les Conventionnels, ce qui compte à Toulon, c'est la mer, non point la terre. C'est du côté de la mer que la pression des armées républicaines doit se faire sentir. Ce plan, d'après Salicetti, — il y revient avec insistance, — est *le seul praticable*.

Cette lettre a ceci de curieux que Bonaparte y est nommé pour la première fois.

A qui, en définitive, appartient la paternité du projet? Aux Conventionnels, ou à Bonaparte? Lequel a inspiré l'autre? Poser la question, c'est déjà plus qu'à moitié y répondre.

Les faits d'abord, le raisonnement ensuite, aboutissent à la même conclusion. Presque tous les contemporains, même ceux qui lui sont hostiles, insistent sur le rôle exceptionnel de Bonaparte pendant le siège.

La vraisemblance, le bon sens, la raison confirment leurs témoignages. Quand on ana-

5

lyse en effet ce plan, quand on le ramène à ses éléments essentiels, on constate qu'il est inspiré avant tout par *une idée d'artilleur.* Il pourrait schématiquement s'énoncer ainsi : la hauteur du Caire, au-dessus de Balaguier, est le point d'où les batteries républicaines causeront les plus graves dommages aux vaisseaux alliés, lorsqu'ils essaieront de franchir la passe pour entrer ou sortir. Pour faire tomber Toulon, il est donc *nécessaire et suffisant* de s'emparer de cette colline.

C'est un artilleur qui pose les prémisses, un esprit vigoureux et logique qui tire la conclusion.

Bonaparte est le seul artilleur digne de ce nom se trouvant dans l'armée républicaine ; il possède toute les connaissances, toute la technique de son art.

Les conceptions de Bonaparte, même les plus géniales, sont toujours basées sur une observation attentive, pénétrante, des hommes et des choses, sur la réflexion et le raisonnement. Il le dira lui-même plus tard dans une phrase célèbre :

« Ce n'est pas un génie qui me révèle ce que

je dois faire, c'est l'étude et la méditation. »

Il s'y joint une divination étonnante des intentions de son adversaire. C'est comme si, d'avance, il lisait clairement dans son jeu. Cette qualité maîtresse d'un grand chef de guerre, dont il donne plus tard, notamment dans sa campagne d'Italie, des preuves éclatantes, se révèle déjà ici. Il est convaincu, il répète à qui veut l'entendre, que les Anglais, étant avant tout des marins, s'empresseront d'évacuer Toulon, dès que leurs vaisseaux n'y seront plus en sûreté.

D'autres resteraient peut-être, s'accrocheraient à cette ville, tant que murailles et forts sont en leur pouvoir. Pour eux, murailles et forts comptent infiniment moins que les navires. Plutôt que de risquer d'en perdre un seul, ils s'en iront.

Bonaparte en a l'intuition. Ce sûr instinct, s'ajoutant à la découverte de la position essentielle, à la mise en œuvre des moyens pour la conquérir, une bonne part de son génie militaire est là.

Foch, dans ses leçons de l'École de guerre, conseillait à ses élèves, toutes les fois qu'ils avaient un problème difficile à résoudre, de se poser cette question : *De quoi s'agit-il?*

Cette méthode, toute française, reposant sur l'observation attentive et l'analyse, consiste à se camper droit devant l'obstacle, à l'observer, à le mesurer, avant d'essayer de le franchir. Elle est conforme aux principes de la stratégie napoléonienne, qui n'est pas, comme bien des gens se l'imaginent, une science ou un art hermétiques, mais qui, au contraire, comme toutes les connaissances humaines, découle de l'observation et du raisonnement.

Bonaparte applique ici cette méthode avant la lettre et Bonaparte contient en germe, déjà, tout ce qui sera plus tard Napoléon.

VIII

LES BONDS D'UN ARTILLEUR

Montauban est loin, beaucoup trop loin de la mer.

Maître de ses canons, — c'est une indépendance qu'il revendique dès le premier jour, — Bonaparte n'a pas de plus grande hâte que de les rapprocher.

L'histoire du siège, pendant les treize semaines qu'il dure, consiste en une suite de bonds en avant, soigneusement préparés par l'artillerie, exécutés par l'infanterie, dans la direction de l'objectif principal, les hauteurs du Caire, dominant la rade, jusqu'à l'épisode final, l'enlèvement du mamelon le « Petit Gibraltar », qui précipite le dénouement.

De Montauban, un premier bond, à peu près à mi-chemin entre le château et la rade, sur la hauteur de Saint-Laurent. Ce monticule, qui figure sur la carte de l'état-major, est situé non loin de la gare actuelle de la Seyne.

Pour s'y rendre, depuis Ollioules, il faut, après avoir quitté la grande route, presque à l'entrée de Toulon, zigzaguer quelque temps dans de jolis chemins de traverse, bordés par les « bastides » et les « bastidons » qui pullulent dans la banlieue toulonnaise.

Rien n'égale la beauté pittoresque, imprévue de ces chemins. De vieux cyprès, dont les troncs noueux et desséchés, les branches au sombre feuillage se rejoignent pour former une vraie muraille de verdure, que le mistral le plus violent n'arrive pas à percer ; quelques carrés de vigne ; des plants de maigres oliviers, un morceau de terre grand comme un mouchoir de poche, sa petite bâtisse au milieu, une maisonnette basse avec la toiture en pente douce, recouverte de vieilles tuiles provençales, ses fenêtres symétriques, son badigeon d'un rose pâle, décoloré, qui s'harmonise à merveille avec les teintes des cyprès, des oliviers et des vignes, qui fait au milieu d'elles une jolie tache souriante : voilà le bastidon. Il n'en faut pas davantage pour contenter les désirs agrestes et modérés des sages Toulonnais...

Quand on atteint la route de la Seyne, on prend, sur sa droite, un chemin de terre qui, par une pente légère, conduit à un joli domaine, *la Cruvillière* : un bois de pins, quelques champs, des vignes, une vieille maison du XVIIIe siècle, avec la traditionnelle terrasse, ombragée de platanes.

C'est à deux ou trois cents mètres en avant, sur le rebord du balcon, dominant de près le rivage, que Bonaparte installe une batterie, à laquelle il donne le nom de *La Montagne*. Les souvenirs locaux en fixent d'une manière assez nette l'emplacement. Le commandant Nel, d'après les indications du propriétaire, le commandant Ficonetti, est arrivé à la situer exactement.

De Montauban à la Cruvillière, le progrès est très marqué, mais ce n'est qu'une étape. Bonaparte trouve qu'il est encore beaucoup trop loin. Ce qu'il veut, c'est amener ses canons sur la rade elle-même.

Un nouveau bond exécuté tout de suite après, sans entr'acte, le porte beaucoup plus en avant. Il vient placer ses pièces au bord même de l'eau, sur la hauteur de Brégaillon. C'est la fameuse batterie des *Sans-Culottes*. Un peintre provençal, Granet, autorisé à suivre les opérations de l'armée assiégeante (nous dirions aujourd'hui un correspondant de guerre), en a laissé un croquis, qui permet de l'identifier avec précision. Les pièces se trouvaient juste en avant de la petite chapelle, dont les ruines existent encore, située au-dessus du champ de courses de Lagoubran, en bordure même de la route qui va de Toulon à la Seyne.

Toulon, ville essentiellement maritime, fait un maigre usage de cet hippodrome, dont les folles herbes envahissent la piste. Il est facile d'y pénétrer en enjambant les fils de fer qui le clôturent. Si l'on préfère un accès plus facile, le mieux est d'entrer par la partie nord-ouest, en franchissant le portail d'une belle demeure Directoire, propriété du comte Etienne, transformée pour le moment en pension de famille.

Un maître-queux, fort apprécié des gourmets de la région, y avait, pour un temps, transporté ses recettes et son fourneau. Mais Toulon — c'est un de ses charmes — est une ville pauvre, peuplée de fonctionnaires et de marins, où la clientèle manque pour un restaurant un peu dispendieux.

Le joli castel de Lagoubran est le digne pendant, à deux siècles d'intervalle, du château de Montauban. Un corps de logis flanqué de deux pavillons, précédé d'une élégante pièce d'eau, une cour spacieuse où se trouvent, de chaque côté, les communs. C'est la façade nord. La façade sud, tout ensoleillée, borde un vaste terrain, coupé en son milieu d'une allée de magnifiques platanes.

De belles portes cintrées, en bois plein, de belles cheminées de marbre. Un escalier bien dessiné conduit au premier étage où se trouve une admirable bibliothèque, avec ses rayons en chêne massif, formant à hauteur d'homme, une sorte de lutrin qui permet au lecteur de tenir grands ouverts les lourds volumes et les in-folio des cadres inférieurs. On ne saurait imaginer une demeure aussi élégante et aussi simple.

Il y en a ainsi un certain nombre dans la région, plus qu'on ne croit d'ordinaire, car rien ne signale du dehors leur présence. Elles sont, pour la plupart, à quelque distance des chemins. Il faut, pour les découvrir, prendre la peine de les chercher.

En suivant l'allée de platanes, puis la piste du champ de courses, on parvient, vers l'extrémité sud-ouest, à une légère hauteur, surmontée de la petite chapelle qui marque l'emplacement de la batterie. La mer est là, toute proche, à vingt ou trente mètres. Parvenu à ce point, Bonaparte, quels que soient son impétuosité, son désir de rapprocher le plus possible ses canons de la rade, ne peut évidemment pas aller plus loin. Il est, pour parler comme les marins, *à portée de pistolet.*

Il fallait, à coup sûr, beaucoup d'audace pour pousser les canons jusqu'à cette pointe, d'où leur tir balayait une partie de la rade.

Le dessin de Granet fait voir, à côté de la chapelle et protégées tant bien que mal par des moyens de fortune, épaulements, gabions, fascines, vieilles barriques, les pièces des *Sans-Culottes* ouvrant le feu sur les navires, dont les lourdes carènes, les hautes mâtures constituent une admirable cible.

Les vaisseaux ripostent et, comme ils sont abondamment pourvus d'artillerie, la batterie des *Sans-Culottes* est très maltraitée.

Dans ce duel, toutefois, les batteries de terre ont finalement et fatalement l'avantage. Leurs pertes, leurs dommages sont presque toujours aisément réparables, au lieu que ceux des navires risquent de ne pas l'être.

C'est une règle absolue et qui se vérifie toujours, même à un siècle de distance, qu'il s'agisse de Toulon ou des Dardanelles. Un coup bien dirigé, sur cent ou sur mille, finit par atteindre un vaisseau dans ses œuvres vives, par l'incendier ou le couler.

Ainsi, de part et d'autre, les chances ni les risques ne sont les mêmes. Un moment vient où, par suite de cette inégalité, les navires sont obligés de se retirer, d'abandonner la partie.

L'amiral anglais bombarde de toutes ses pièces cette batterie qui, comme pour le narguer, est venue d'installer sous son nez. Mais Bonaparte lui coule deux pontons ; il atteint, il endommage plusieurs navires. Tant que ce sont des pontons français ou des vaisseaux espagnols qui reçoivent ses coups, lord Hood continuerait volontiers le combat, le ciel, comme disait Figaro, l'ayant doué d'une admirable patience pour supporter les maux d'autrui.

Mais voici qu'un de ses plus beaux navires, le *Saint-Georges*, est atteint d'un boulet qui cause une violente explosion, tue et blesse un assez grand nombre d'hommes. Le jeu, décidément, devient trop dangereux. L'amiral britannique décide incontinent de ne plus exposer désormais que des Français au tir trop bien dirigé de leurs compatriotes. C'est ce qu'il explique à ses chefs, avec un cynisme tranquille et sûr de lui : « N'ayant point de frégates pour couvrir les batteries flottantes et les canonnières, j'ai pris des bâtiments français. Je l'aurais fait même si j'en avais eu, pensant qu'il valait mieux *laisser couler ou mettre en pièces leurs navires que les miens* ! »

Bientôt, d'ailleurs, la batterie des *Sans-Culottes*, dont le tir ne se ralentit pas, oblige les vaisseaux ennemis à évacuer tout le fond de la rade, du côté de la Seyne. La preuve est faite que des batteries bien placées, à courte distance du rivage, rendent intenable toute l'étendue de mer qu'elles peuvent canonner.

Un premier résultat est atteint. Mais ce n'est qu'un résultat partiel. Pour parvenir au but, il faut placer les pièces là où elles seront en état de balayer la rade entière, où, surtout, elles pourront en interdire l'entrée. Un tel endroit existe ; il suffit, pour le déterminer, de regarder avec soin la carte et le terrain : c'est au niveau du goulet, sur les hauteurs du Caire. Tous les efforts doivent converger vers ce point. La position essentielle est là, rien que là.

Dans un esprit comme celui de Bonaparte, les faits s'enregistrent automatiquement pour composer, par séries bien ordonnées, un vaste répertoire d'enseignements, où il n'aura qu'à puiser par la suite, durant le déroulement ininterrompu de sa carrière. Ce qui vient de se passer devant la batterie des *Sans-Culottes*, la supériorité des canons de terre sur les canons marins, voilà une leçon qu'il n'oubliera pas de sitôt. Elle se grave profondément dans son esprit.

Il écrit quelques années plus tard à un de ses compagnons d'armes : « Vous souvenez-vous de Toulon, de nos tirs sur la flotte anglaise? Des canons à boulets rouges, servis par des artilleurs de sang-froid, sont une arme terrible contre les vaisseaux. »

Ces derniers ne peuvent rien contre des batteries de côte bien placées. Il est très facile de mettre le rivage en état de résister aux attaques d'une flotte, si formidable soit-elle. Le maître de la mer est impuissant contre le maître de la terre.

Et voilà un autre enseignement que Bonaparte va tirer de ce siège.

Avec son esprit impétueux et logique, prompt à pousser à leur extrême les déductions, peut-être conduira-t-il trop loin ce raisonnement. Peut-être tirera-t-il de ces prémisses des conclusions excessives. Elles l'amèneront à croire que *la terre domine nécessairement la mer*, ce qui explique une partie de ses guerres et de ses erreurs, sa lutte obstinée, farouche, contre l'Angleterre, le *Blocus continental*, l'occupation de presque toute l'Europe, jusqu'à l'effondrement final. Car, pour que la terre domine effectivement la mer, il est indispensable de conquérir, de posséder de plus en plus de terre, toute l'Europe ou presque, ce qui est beaucoup.

La pointe de Brégaillon a été le deuxième bond. Il faut maintenant en exécuter un troisième, beaucoup plus long, beaucoup plus malaisé, prendre et dépasser le village de la Seyne, s'emparer des hauteurs du Caire et s'y installer solidement. Ici, malheureusement, Bonaparte ne peut rien sans Carteaux. L'artillerie aura beau préparer ce bond en avant, c'est l'infanterie seule qui peut l'exécuter, occuper cette position et la défendre contre tout retour offensif. Grâce à l'influence des représentants en mission, Bonaparte essaie de persuader, de pousser en avant Carteaux.

Le village de la Seyne est occupé le 21 septembre. Furieux contre ses habitants qu'il accuse d'avoir pactisé avec les républicains, l'amiral Hood bombarde violemment leurs maisons, qui deviennent intenables.

Le lendemain, Carteaux charge l'adjudant général Laborde d'emporter par surprise les hauteurs du Caire. Mais il ne le fait que contraint et forcé ; il n'a aucune confiance dans ce plan, qu'il trouve ridicule, absurde, parce qu'il ne le comprend pas. « A quoi bon, pense-t-il, attaquer à l'extrême aile droite, une position fort éloignée de Toulon, alors qu'il serait si simple et tout indiqué de donner l'assaut à la ville elle-même? »

Comme il arrive fatalement quand les chefs n'ont pas confiance dans un plan, l'exécution s'en ressent. Carteaux ne consacre à cette opération, qu'il juge accessoire, inutile, alors qu'elle est essentielle, que des forces très insuffisantes, quatre cents hommes environ. Ses troupes s'emparent sans peine des hauteurs, que les Anglais n'avaient pas eu le temps de fortifier sérieusement, dont ils n'avaient pas encore reconnu l'extrême importance. Cette attaque ennemie a pour effet immédiat de leur ouvrir les yeux. Ils sentent aussitôt la valeur de ce qu'ils viennent de perdre. Ils décident de reprendre à tout prix cette position capitale. Une contre-attaque vigoureusement menée la fait passer entre leurs mains. Ils en chassent les républicains. Ils y élèvent en toute hâte un ensemble de fortifications. Ils en font une redoute solide, que les soldats républicains appellent le « Petit Gibraltar ».

Pour enlever ce qui aurait pu l'être à peu de frais, il faudra maintenant un bien plus gros effort, beaucoup de troupes et beaucoup de canons.

La première partie du siège, la plus courte, est finie. Faute d'intelligence et de décision, Carteaux a laissé perdre une occasion qui ne se présentera plus. Plusieurs semaines se passeront avant que l'attaque contre le Petit Gibraltar puisse être reprise.

IX

DES CANONS, DES MUNITIONS !

Les rapports de Bonaparte et ceux des représentants, dont l'esprit et la conclusion sont identiques, indiquent que l'échec subi par les assiégeants sur la hauteur du Caire marque une coupure très nette dans le déroulement du siège.

Avec un peu de vigueur et d'audace, on aurait pu brusquer cette opération, enlever la position, la tenir, bombarder les navires ennemis dans la rade, et presque sûrement contraindre les Anglais et les Espagnols à évacuer Toulon.

L'affaire est manquée. Il faut maintenant se résoudre à de longues et difficiles opérations.

Nous sommes tentés de croire que la grande guerre a, pour la première fois dans l'histoire, fait apparaître l'importance exceptionnelle du matériel. C'est une illusion. Foch, qui sait ce dont il parle, vous dira que le rapport entre ces deux facteurs, armes et soldats, matériel et combattants, demeure à peu près le même au cours des âges, que, du légionnaire romain au poilu de notre temps, il n'a pas, au fond, très sensiblement varié.

Sans doute, les progrès de l'armement rendent le matériel plus abondant, plus compliqué, plus dispendieux aussi ; mais, pour qu'une troupe puisse agir efficacement, pour qu'elle obtienne ce que les militaires appellent *la décision*, il faut qu'un certain équilibre arrive à s'établir entre le soldat et ses armes. Tant que cet équilibre n'existe pas, la troupe, quelle que soit par ailleurs sa valeur, reste impuissante.

***

Pour battre les fortifications ennemies, pour permettre à l'infanterie de les attaquer et de les occuper, il faut des canons, beaucoup de canons. Ces pièces une fois à sa disposition,

Bonaparte se charge sans peine de les placer aux endroits les mieux choisis : car il a le sens de la position. Malheureusement, les canons lui manquent. Le matériel de siège fait entièrement défaut. Il est indispensable de le réunir au plus tôt, de l'organiser pour en tirer le meilleur rendement. Comment faire pour se le procurer? Où s'adresser pour combler des besoins si urgents?

Le gouvernement central, malgré l'infatigable activité de Carnot, est démuni. Il a tant d'armées à équiper, tant de fronts à surveiller : Flandres, Rhin, Alpes, Pyrénées, pour ne parler que des ennemis extérieurs, pour ne rien dire de la Vendée !

Force est de chercher sur place, dans les régions avoisinantes, ce matériel sans lequel les assiégeants ne peuvent rien. C'est en cela que Bonaparte se montre admirable d'intelligence, d'ingéniosité, d'énergie. Il fait flèche de tout bois. Il se débrouille à merveille au milieu de ces difficultés. Il met à contribution les magasins, les arsenaux de tout le Midi, depuis Nice jusqu'à Lyon. Marseille, Antibes fournissent tout ce qu'ils ont. Ses ordres, ses rapports, ses réquisitions font voir cette activité, impétueuse, impérieuse et toujours ordonnée.

Tantôt, c'est un billet à la municipalité d'Ollioules pour commander la confection immédiate de sacs ; tantôt une réquisition au Beausset pour fabriquer des gabions et des fascines.

L'artillerie n'a pas d'attelages, pas de chevaux, pas de conducteurs. Il s'empresse d'en réunir le plus grand nombre qu'il peut. Quand il les a réunis, avec beaucoup de peine, l'État-Major et l'Intendance, toujours en quête d'attelages, lui prennent charrettes et charretiers. Il faut voir quelle colère l'anime, de quel ton il se plaint. « Chevaux et charretiers, s'écrie-t-il, on peut en trouver partout. Mais les bons conducteurs, les bons équipages d'artillerie sont rares. Il faut à ceux qui les mènent un entraînement, un sang-froid, une discipline dont peu d'hommes sont capables. C'est un crime de les enlever aux batteries qui, sans eux, sont comme si elles n'existaient pas. » Personne, dit-il en guise de conclusion, « n'a le droit de disposer des chevaux de l'artillerie ».

La question de la poudre le préoccupe au

plus haut point. Cette armée républicaine compte un grand nombre de jeunes soldats qui, comme il arrive à des troupes mal instruites, font une consommation excessive de cartouches. Bonaparte, à qui incombe la surveillance de la poudre, ne cesse pas de s'en plaindre. Il adresse réclamations sur réclamations à l'État-Major pour que la poudre soit économisée : « Il faut, dit-il, qu'il soit mis un terme à ce gaspillage, que les officiers, comprenant combien la poudre est essentielle, surveillent eux-mêmes, contrôlent la consommation des cartouches. »

Après la bataille de la Marne, quand la crise des munitions sévissait à l'état aigu dans notre armée, comme d'ailleurs dans l'armée allemande, le généralissime Joffre, pour être sûr que ses ordres seraient exécutés, tenait lui-même, personnellement, la comptabilité quotidienne des obus. Tous les soirs, avant de se coucher, il faisait les additions, les soustractions, pour savoir exactement la quantité de coups dont disposait son armée...

La correspondance de Bonaparte, les divers récits du siège, font paraître les mêmes préoccupations.

Ces efforts, cette activité, ce sens du « débrouillage », portent rapidement leurs fruits. Des canons arrivent de tous les côtés. Marseille envoie de la grosse artillerie, notamment une pièce unique, une terrible couleuvrine dont on attendait des merveilles, qui devait réduire Toulon en miettes. Les premiers coups tirés, on s'aperçut que ce n'était guère qu'une arme de musée.

En même temps qu'il rassemble, il *organise*. Avec tous ces matériaux épars, faits de bric et de broc, il réussit à constituer, sur-le-champ, des unités combattantes, ayant, chacune d'elles, leurs chefs, leurs cadres, leur mission bien définie.

Il fait avec les hommes, le matériel humain, exactement comme avec le matériel tout court. Il prend d'un côté et d'autre tous ceux que son œil infaillible découvre.

« En moins de six semaines, écrit-il à Sainte-Hélène, Napoléon réunit cent pièces de gros calibre, des mortiers à grande portée, des pièces de 24, abondamment approvisionnées. Il organise des ateliers, fait rappeler plusieurs officiers du corps d'artillerie, qui, après les événements de la Révolution, s'étaient retirés dans leurs foyers, entre autres Gassendi, qu'il met à la tête de l'arsenal de Marseille, etc., etc. Aucun officier du génie n'était, à ce moment, attaché au siège. Il était obligé d'assurer le service de commandement du génie et de l'artillerie, la direction du parc. Il allait tous les jours aux positions. »

Plus tard, devenu un grand chef, civil et militaire, combinant le commandement de puissantes armées et le gouvernement d'un immense Empire, ce que nul, dans les temps modernes, n'a pu faire comme lui, il manifeste la même activité, la même puissance d'organisation, qui s'exercent sur une bien plus grande échelle. La Correspondance en témoigne, un des plus extraordinaires documents de l'histoire, montrant jusqu'à quelles invraisemblables limites peut atteindre l'effort humain.

Mais cette activité s'exerce par des intermédiaires, à travers des cadres bien constitués. A Toulon, cadres, intermédiaires manquent. Bonaparte fait tout par lui-même. Ses prodigieuses qualités, que les défauts les plus graves n'ont pas encore gâtées, peuvent s'observer dans leur germe.

Il se mêle aux combattants, vit de leur existence, prend part à toutes leurs opérations, fait avec eux le coup de feu. Jamais la liaison entre artilleurs et fantassins ne fut à ce point réalisée. Un jour qu'un canonnier est blessé sur sa pièce, Bonaparte saisit l'écouvillon, charge et pointe à sa place. Le soldat avait la gale, alors très répandue, car, quelques années plus tard, lorsque les régiments de l'armée d'Italie faisaient dans Paris leur entrée triomphale, muscadins et incroyables du Directoire, qui les regardaient passer, leur demandaient avec le sourire s'ils avaient attrapé la gale. Bonaparte en fut atteint. N'ayant pas le temps de se soigner, cette affection rentrée lui valut la maigreur maladive qui se remarque dans les portraits du temps.

« La guerre est un art simple et tout d'exécution », dira plus tard Napoléon.

La réalisation du plan est plus importante encore que le plan lui-même. Pour le réaliser, il faut tout un ensemble de moyens matériels qui font défaut : des batteries, des équipages, des boulets, de la poudre. C'est à les rassembler, à les organiser au plus tôt, que tous les efforts doivent tendre. C'est là que Bonaparte joue un rôle essentiel. Il écrit le 25 octobre au Comité de Salut public cette phrase très caractéristique qui pourrait servir de commentaire à toutes les opérations du siège : « C'est l'artillerie qui prend les places, et l'infanterie ne fait qu'aider. »

C'est la profession de foi d'un artilleur. Jamais profession ne fut aussi claire, aussi nette.

X

LES ALLIÉS
ET LE COMMANDEMENT UNIQUE

Les opérations du siège qui aboutirent à la prise de Toulon consistent dans une pression de plus en plus grande exercée de trois côtés, au nord, à l'est, surtout à l'ouest, par les troupes assiégeantes, afin d'emporter les positions essentielles, permettant de bombarder la rade, d'obliger ainsi les navires à se retirer.

Faute d'effectifs, plus encore faute d'intelligence, d'audace, d'esprit offensif, les assiégés laissent presque toujours l'initiative aux assiégeants. Ils se bornent à repousser les coups qui leur sont portés. Une ou deux fois seulement, ils exécutent des contre-attaques. Encore n'est-ce que pour se donner l'air, pour se débarrasser des batteries qui les gênent. Le brillant succès qui, au début tout au moins, couronne l'une d'elles, la sortie du 30 novembre, montre que, mieux combinée, plus intelligemment, plus vigoureusement conduite, elle aurait pu donner de bons résultats, permettre aux assiégés de détruire un certain nombre de batteries, peut-être les amener jusqu'à Ollioules, où se trouvent le quartier général, les parcs, les magasins de l'armée assiégeante. Ceux-ci perdus, cette perte risquait d'être irréparable.

Un coup de fortune inespéré avait rendu les alliés maîtres de Toulon, position capitale, d'une valeur inestimable, constituant une base excellente pour des opérations importantes et même décisives. Toulon, entre leurs mains, était une arme redoutable. Encore fallait-il s'en servir. Ils ne le surent pas. Ils montrèrent la même mollesse, la même incompréhension que dans les Flandres et sur le Rhin. La bataille fut perdue par eux beaucoup plus qu'elle ne fut gagnée par leurs adversaires. Il en est ainsi d'ailleurs de beaucoup de batailles, y compris, pour une bonne part, la plus grande d'entre elles, la Marne.

Vision, plan d'ensemble, coordination des efforts leur firent défaut. Une offensive vigoureusement conduite des Autrichiens et des Sardes au col de Tende, sur la rivière de Gênes, leur aurait permis de bousculer les troupes républicaines peu solides, de donner la main aux Anglais et aux Espagnols débarqués à Toulon. Dans ce cas, tout le littoral provençal tombait entre leurs mains. Une autre Vendée se constituait là, aussi inquiétante que la première, plus peut-être, car, disposant de tous les ports, elle pouvait plus aisément être soutenue de l'extérieur. La Convention eut beaucoup de peine à réduire l'une ; il n'est pas sûr qu'elle fût venue à bout des deux.

Les Autrichiens, surtout pour des raisons politiques, ne bougèrent pas. Toulon fut laissé à ses seuls défenseurs, et ceux-ci ne voulurent pas ou ne purent pas y rassembler des effectifs suffisants.

La ville, la rade, par suite de sa configuration, exigeaient une garnison considérable. Les Anglais, les principaux intéressés, envoyèrent un nombre important de vaisseaux ; encore commirent-ils la faute de ne pas envoyer tous ceux dont ils pouvaient disposer et qu'ils éparpillèrent fâcheusement sur des théâtres d'opérations secondaires.

S'agit-il d'expédier des hommes, le gouvernement britannique, un siècle plus tôt ou plus tard, se résigne malaisément à un pareil effort. Quand il s'y résout, il est souvent trop tard. Les chefs qui commandaient sur place, les civils et les militaires, furent assez imprudents, assez légers, pour faire tenir à Londres, dès le début, des rapports optimistes, laissant croire que leurs troupes étaient en état de remplir leur mission. Grave imprudence, et qui leur coûta cher ! Un gouvernement, quel qu'il soit, ne demande qu'à croire, et plutôt deux fois qu'une, les rapports optimistes de ses agents.

Le gouverneur de Gibraltar renchérit sur cette inertie. Il était vieux et fatigué. Il retarda autant qu'il put le départ de deux régiments britanniques qui, arrivés plus tôt, auraient peut-être changé la face des choses. Il décida finalement de les embarquer. Mais alors Toulon était déjà pris.

Un des historiens du siège, Cottin, évalue à 18 000 hommes environ les troupes des alliés, soit : 7 000 Espagnols ; 2 000 Piémontais ou Sardes ; 6 000 Napolitains ; 2 000 Anglais ; 1 500 royalistes français.

Ces forces ne furent réunies que peu à peu. Dès le début, elles étaient sensiblement moindres.

La valeur de ces troupes était inégale : les Anglais, excellents soldats, comme toujours ; les Piémontais aussi ; les Espagnols, dans l'ensemble, peut-être un peu moins bons, bien que commandés par un chef valeureux, l'amiral Gravina; les Napolitains, médiocres, à l'exception des quelques bataillons de vieux soldats. Napoléon, dans sa relation du siège, porte sur eux un jugement sévère qui paraît, dans l'ensemble, mérité.

Si les troupes dont disposait lord Hood, le commandant en chef, lui paraissaient trop faibles, il était tout indiqué d'utiliser les éléments qu'on pouvait recruter sur place, en constituant des régiments français. Mais ici, comme dans toutes les coalitions, des raisons politiques viennent contrecarrer les nécessités militaires.

Les Anglais, qui mènent le jeu, ne voient pas d'un bon œil ce recrutement. Ils autorisent non sans s'être fait beaucoup prier, la formation d'un seul régiment français : le *Royal-Louis*. Ils auraient pu, semble-t-il, avec un peu plus d'ingéniosité et de souplesse, tirer un meilleur parti des 12 000 hommes en état de porter les armes que renfermait Toulon. Mais ils se défient instinctivement de ces concours, ils n'acceptent d'enrôler qu'une part très minime, un dixième environ, des combattants possibles.

Cette défiance n'est pas sans fondement. Seuls les royalistes convaincus pouvaient être employés efficacement contre les troupes républicaines. Dès le début du siège, les artilleurs français de la marine qui faisaient le service sur les remparts paraissent suspects aux Anglais, qui leur enlèvent ce poste et donnent l'ordre de désarmer la population.

Ils autorisent, à titre d'essai, la création d'un bataillon qui sera formé avec les restes de l'armée départementale des Bouches-du-Rhône ; ils lui confient la défense des redoutes Saint-Antoine et Malbousquet. Ces soldats s'étant bien comportés, les Anglais, à la demande de nombreux royalistes français, décident de créer tout un régiment, le *Royal-Louis*, qui, soldé par l'Angleterre, sera au service du roi de France.

Ils chargent de cette tâche le Comité général des sections à Toulon, qui est à leur entière dévotion. Tout de suite, des difficultés surgissent au sujet du commandement, que les officiers nobles prétendent être seuls à exercer. Alors, comme vingt ans après, ces nobles n'ont rien appris et ils ont encore moins oublié.

M. Jacques Parès, un historien local, a donné, sur le *Royal-Louis*, de curieux détails, qui font toucher du doigt les obstacles de toutes sortes auxquels se heurtent les chefs britanniques, dans leurs rapports avec la population. Le chevalier de Villeneuve-Tourettes prend le commandement du régiment, qui compte quatre compagnies, renforcées par la suite. L'uniforme est celui du régiment de Picardie : habit blanc, poches en travers, parements et collet bleus, chapeau blanc, trois fleurs de lys sur les boutons et la devise « Dieu et mon roi ».

Ces troupes se comportent fort bien, ce qui prouve que les Anglais auraient pu en enrôler davantage, comme le demandaient, avec insistance, les Espagnols. Elles prennent part à toutes les opérations du siège, subissent des pertes importantes, font une fière contenance au moment de l'évacuation, où elles sont les dernières à s'embarquer.

***

Ce n'est pas une simple affaire, pour un commandant en chef, de maintenir l'unité, la cohésion, lorsque ses soldats appartiennent à des nations différentes, ayant chacune leurs habitudes, leurs traditions, leur tempérament.

Demandez au maréchal Foch, qui eut à résoudre, pendant la dernière partie de la grande guerre, ce très difficile problème.

Le commandant en chef des alliés à Toulon est lord Hood, l'amiral de la flotte. Non pas que le contingent britannique soit numériquement le plus fort. Il est, au contraire, le plus faible. Mais les Anglais estiment que Toulon s'est livré à eux. Ils ont pris dès le début la direction de l'expédition ; ils entendent la garder et ne veulent même pas que cette question soit posée.

Ce commandement s'exerce tant bien que mal, plutôt mal que bien, avec beaucoup de difficultés et de frictions. Les Espagnols, qui ont sur place les troupes les plus nombreuses, assez susceptibles et pointilleux par tempérament, supportent mal, par moments, cette tutelle britannique. La confiance entre les deux ne règne qu'à moitié. Les Anglais laissent par trop paraître quelque dédain, sinon quelque mépris, pour ces soldats espagnols, cependant courageux au feu, mais ayant à leurs yeux le grave défaut d'être mal équipés, mal tenus, quelque peu dépenaillés.

Si quelque incident, difficilement évitable, se produit entre Anglais et Toulonnais, les Espagnols, assez souvent, prennent fait et cause pour ces derniers. Par la race, par la langue, ils se sentent plus rapprochés d'eux que les Anglais, volontiers distants et orgueilleux. Tant que l'amiral Gravina, bon soldat, intelligent et souple, reste à la tête des Espagnols, les choses marchent à peu près. Lorsque, blessé à l'affaire du 1er octobre, il est obligé d'abandonner son commandement, son successeur se montre moins accommodant. Les relations deviennent aussitôt moins faciles.

Les Toulonnais, du moins une partie de la population, les royalistes, avaient accueilli avec enthousiasme les Anglais, considérés comme des protecteurs, des sauveurs. Une gravure du temps fait voir sur le large quai du vieux port, devant le bel hôtel de ville, orné des cariatides de Puget, dans ce cadre merveilleux, les troupes britanniques opérant leur débarquement. Toutes les autorités de la ville reçoivent, en corps, ces premiers contingents ; les membres de la municipalité ont revêtu, pour la circonstance, leur costume d'apparat, les dames sont en grande toilette.

Cet enthousiasme ne tarde pas à baisser. L'écho des acclamations, des fêtes est à peine assoupi que la réalité reprend ses droits. La popularité des Anglais diminue de jour en jour. En tout pays, plus particulièrement dans une place assiégée, l'occupation des troupes étrangères ne peut pas ne pas gêner, vexer de mille manières la population. Les Anglais n'hésitent pas à faire sentir qu'ils sont les maîtres. Ils donnent des ordres auxquels la municipalité n'a qu'à obéir. Ils réquisitionnent sans répit tout ce dont ils ont besoin, des maisons pour leurs services, des tapis pour les appartements de leurs chefs. Ces réquisitions provoquent des murmures et des protestations.

XI

UN TRAGIQUE MALENTENDU

Rien mieux que les événements de Toulon ne montre à quel point le mouvement fédéraliste, le soulèvement contre les Jacobins et la Convention, furent, dès leur début, confisqués par les royalistes.

Ce fut la raison principale de leur échec. Les partisans de l'Ancien Régime auraient été plus adroits en restant dans la coulisse, en ne démasquant pas trop vite leurs batteries. Ils ne le voulurent pas, ou ne le purent pas.

A Toulon, les premières semaines après le soulèvement, les formes extérieures demeurent républicaines ; les autorités nouvelles qui ont chassé les Jacobins continuent à correspondre avec la Convention.

Néanmoins, comme le reconnaît sans peine Pons, l'historien royaliste du siège, un grand nombre de Toulonnais songeaient, dès ce moment, au rétablissement de la monarchie. Leur impatience ne leur permet pas d'attendre ; elle leur fait oublier toute prudence, toute modération. Elle les conduit à emprisonner les deux représentants de la Convention : Baille et Beauvais.

Les sentiments royalistes acquièrent de jour en jour plus de force.

Un incident qui se produit dans les premiers jours d'août est à cet égard très significatif. Un détachement de la Garde nationale était rassemblé dans un des quartiers de la ville, en présence de M. de Grasset, chef de légion, et ancien garde du corps de Louis XVI, qui tenait dans ses mains une tabatière avec le portrait du roi, de la reine et du dauphin. Aussitôt aperçue, cette tabatière passe de main en main. C'était à qui, officiers et soldats, la couvrirait de ses baisers.

Dès lors, les événements se précipitent ; les

Sections décident de livrer aux flammes par la main du bourreau le texte de la Constitution nouvelle que la Convention vient de leur envoyer.

C'est aux cris de « *Vive le roi ! Vive Louis XVII !* » que le Comité général toulonnais, en présence des chefs civils et militaires, du président, de deux membres de chaque Section, prend la grave résolution d'introduire les Anglais dans le port et la ville.

Le 1er octobre, le jour où Anglais et Espagnols, aidés d'un contingent toulonnais, ont, par une vigoureuse contre-attaque, repris la montagne du Faron, dont les républicains venaient de s'emparer, le pavillon blanc, par une décision officielle des autorités, reparaît pour la première fois sur les murs de Toulon.

La décision du Comité général, telle qu'elle figure dans les registres officiels, est aussi claire, aussi nette que possible :

« Considérant, dit-elle, que la ville est entourée de brigands, portant sur leurs étendards la couleur substituée au pavillon blanc, et à leur chapeau la cocarde tricolore ; que cette ressemblance déshonorante avec de vils anarchistes blesse notre délicatesse et peut occasionner une confusion et des méprises dangereuses, lorsque nos gardes nationales, placées au milieu de nos généreux alliés, repousseront les ennemis de l'ordre et de la royauté ; que les bâtiments de notre escadre et les vaisseaux marchands, portant le pavillon tricolore, peuvent être pris pour ceux de nos vaisseaux qui, avec les mêmes couleurs, naviguent encore sous l'influence du républicanisme ; que la vue de ces couleurs peut rappeler, surtout à nos amis les Piémontais qui viennent nous secourir, le souvenir amer des atrocités commises à leur égard par des troupes dont nous avons constamment désavoué et blâmé la conduite insensée ;

» Le Comité Général arrête :

» Qu'à compter de mardi, 1er octobre, les cocardes tricolores seront supprimées, pour y être substituée une cocarde blanche, et que le pavillon blanc, qui fut dans tous les temps le signal du vrai courage et de l'honneur, flottera sur nos forteresses et nos vaisseaux. »

Brigands républicains, vils anarchistes, atrocités commises par leurs troupes, rien ne manque à ce violent réquisitoire contre la République. Les royalistes toulonnais ne mâchent pas les mots, ne cachent pas ce qu'ils ont sur le cœur.

C'est ce qui s'appelle brûler ses vaisseaux.

En exécution de ces ordres, le pavillon blanc est hissé à un mât dressé au milieu de la place d'armes ; il flotte, au même instant, sur les remparts, sur les forts et les navires. Les salves d'artillerie s'unissent à celles des bâtiments étrangers. Louis XVII est proclamé roi.

Pareils aux héros d'Homère, au moment de croiser le fer, conventionnels et royalistes font assaut d'invectives et d'injures. A peine a-t-elle appris la reddition de Toulon aux Anglais que la Convention, dans une adresse aux Français méridionaux, flétrit, en des termes enflammés, ce forfait. Dans la forme déclamatoire de l'époque, elle voue les coupables, les « scélérats », comme elle les appelle, aux pires châtiments. « Vengeance, citoyens ! s'écrie-t-elle. Qu'ils périssent, tous ceux qui ont voulu que la République pérît ! Ce ne sont plus des Français, ce ne sont plus des hommes ; ils ont volé au pays tous les droits, tous les titres de l'humanité ; la France les a perdus et l'Angleterre ne les a pas gagnés ; ils n'appartiennent plus qu'à l'histoire des traîtres et des conspirateurs ! »

***

Les royalistes toulonnais ont cru de bonne foi que les Anglais occupaient la ville aux lieu et place du souverain légitime, Louis XVII. Aussi demandent-ils que le comte de Provence, frère du roi défunt, s'empresse de venir au milieu d'eux pour se mettre à la tête de ses partisans.

Les Anglais ne veulent à aucun prix de sa présence. Le Cabinet de Londres et les chefs qui commandent sur place font savoir aux Toulonnais qu'ils s'y opposent nettement. Ils sont convaincus que le prétendant, sans leur apporter d'autre concours qu'une troupe d'émigrés, agités et brouillons, compliquerait considérablement leur tâche, augmenterait leurs difficultés, qui sont déjà assez grandes. Au fond, ils désirent rester les maîtres, les seuls maîtres. Toulon, entre leurs mains, constitue un gage d'une importance capitale. Ils entendent, à la fin de la guerre, le négocier à leur guise, en tirer le plus possible de profits.

Il y a, au fond de toute cette affaire, entre les Toulonnais et eux, un terrible, un tragique malentendu.

Beaucoup plus qu'au rétablissement de la monarchie en France, dont, à vrai dire, ils ne se soucient guère, les Anglais pensent à leurs propres intérêts. Le reste leur est indifférent. C'est ce que les Toulonnais découvrent et ne peuvent guère ne pas découvrir. A mesure qu'ils le découvrent, les écailles leur tombent des yeux. Ils comprennent de plus en plus dans quelle dangereuse aventure ils sont venus se jeter.

Les Mémoires du temps, surtout le livre de Pons, écrit d'après des souvenirs récents, montrent à quel point les Toulonnais furent déçus par la réponse britannique. Sous les protestations d'amitié et les formules diplomatiques, perçait chez les Anglais la volonté très nette de ne laisser venir à aucun prix le prince à Toulon. Ce serait, déclarent-ils crûment, « destituer Sa Majesté britannique, avant l'époque stipulée, de l'autorité qui lui a été dernièrement confiée ».

Tout ce qu'on permettra aux royalistes, et ce n'est pas beaucoup, c'est d'aller déposer leurs hommages aux pieds du prince.

Quant à autoriser ce dernier à se rendre de sa personne dans la place assiégée, ce dont il n'a peut-être pas, au demeurant, très grande envie, c'est à quoi les Anglais ne sauraient consentir.

Il ne peut y avoir deux maîtres à Toulon : les Anglais qui l'occupent, et le représentant du roi de France, au nom de qui il est occupé.

Dans la proclamation de l'amiral Hood au moment où, à la tête de son escadre, il a pénétré dans la rade, il a été déclaré ceci :

« Je prends possession de Toulon et le garderai en dépôt pour Louis XVII, jusqu'au rétablissement de la paix en France, ce qui, je l'espère et j'en suis sûr, se réalisera bientôt. »

Cette promesse ambiguë, élastique, n'embarrasse guère ceux qui l'ont faite. Elle ne les lie aucunement. Tant que la paix n'est pas signée, elle les laisse libres de faire ce qu'ils veulent.

En vain, les Toulonnais multiplient les manifestations royalistes, remplacent la cocarde tricolore par la cocarde blanche, arborent le pavillon royal, datent leurs proclamations du nom de Louis XVII, roi de France. Ces manifestations platoniques n'engagent qu'eux. Ils découvrent, à leur grande tristesse, que les Anglais sont venus à Toulon pour s'occuper de leurs affaires, non point de celles du roi de France.

XII

DU FARON AU CAP BRUN

I

Les troupes qui défendent Toulon sont insuffisantes. Elles ne reçoivent que des renforts peu importants. Elles n'ont rien à espérer d'une attaque austro-sarde qui, se produisant dans les Alpes, viendrait leur donner la main, les soulager ainsi de la pression de plus en plus forte qui s'exerce sur elles. Elles sont composées, par surcroît, d'éléments d'origine, de nationalité différente et de valeur inégale, commandées par des chefs qui ne s'entendent pas très bien entre eux.

L'armée républicaine, au contraire, peu nombreuse au début, ne cesse de recevoir des renforts. Certains de ses éléments sont médiocres :

jeunes recrues mal entraînées, peu ou point disciplinées, quittant à tout moment leur poste. Leur médiocrité se marque par la consommation excessive de cartouches au cours de tous les engagements. Cependant, au fur et à mesure que le siège se prolonge, après la chute de Lyon notamment, de meilleurs contingents ne cessent d'arriver. La quantité et la qualité s'accroissent en même temps. Ce qu'il y a de mauvais, dans cette armée, ce sont les généraux qui la commandent : Carteaux, puis Doppet.

Bonaparte, qui, heureusement pour lui, est soutenu par les représentants de la Convention, a tous les jours à lutter contre leur défiance et leur ignorance.

Puisqu'on n'a pas profité de l'occasion qui s'offrait au début, pour enlever la position essentielle, les hauteurs du Caire, un coup de force n'a plus de chance de réussir. Il faut procéder d'une manière méthodique, raisonnée, préparer l'attaque finale par une concentration d'artillerie, aussi intense, aussi judicieuse que possible.

Bonaparte estime qu'on ne peut rien sans des canons, beaucoup de canons. Il gagne à ses vues les commissaires de la Convention. Carteaux est d'un avis opposé. Il songe avant tout à l'attaque directe, à l'arme blanche, qui, par suite de la faible valeur des troupes dont il dispose, ne peut que conduire à un échec.

Lapoype, qui commande le détachement de l'Est, partage son opinion. Comme il est, par surcroît, jaloux de Carteaux, dont il supporte mal l'autorité, il tente, de lui-même et sans prévenir ce dernier, d'emporter par surprise la hauteur et le fort du Faron.

Dans la nuit du 30 septembre au 1er octobre, il lance une attaque, à laquelle participent trois colonnes, fortes de 1 700 hommes.

Celle de droite, commandée par le chef de bataillon Victor (le futur maréchal de Napoléon), arrive à passer par d'étroits sentiers, paraissant inaccessibles ; elle emporte le Pas de la Masque et, au point du jour, surprend une centaine d'Espagnols, les bouscule, entre sans difficulté dans la redoute de la Croix-Faron, où les deux autres colonnes viennent la rejoindre. Le sommet tout entier est aux mains des républicains.

Lapoype, vendant un peu tôt la peau de

l'ours, dépêche à Carteaux un billet triomphal, pour lui annoncer son succès. Mais il lui reste à enlever le fort lui-même, tenu par une garnison anglaise, et situé sur une hauteur voisine du sommet.

Les alliés, sentant toute la gravité de cette défaite, car le Faron domine les forts et la ville, tiennent sur-le-champ un conseil de guerre et décident de reconquérir à tout prix la position perdue.

Mulgrave, à la tête de 300 Sardes, de 250 Anglais, attaque du côté de la redoute Saint-Antoine. A l'ouest, l'amiral Gravina, avec 400 grenadiers napolitains, 200 Espagnols, des Sardes, des royalistes français, gravit les rampes du sud, par le ravin de Val-Bourdin.

Avant de se mettre en marche, les troupes saluent le drapeau blanc des Bourbons, qui vient d'être, pour la première fois, hissé sur les murs de la ville.

Hood a débarqué les marins de la flotte pour prendre la place des soldats britanniques.

Les deux colonnes progressent hardiment sur ces rampes escarpées, sans que les républicains, qui n'ont pas eu le temps d'amener des canons, puissent arrêter leur marche.

Cette contre-attaque, bien conçue, vigoureusement conduite, remporte un plein succès. Menacées à la fois par les colonnes assaillantes, par la garnison du fort du Faron qui exécute une sortie et qu'appuie efficacement l'artillerie, les républicains ne tiennent pas. Ils se débandent au cri de « sauve qui peut », abandonnant la redoute, tentant de se frayer un chemin à travers rochers et précipices. Beaucoup se tuent ou se blessent en sautant du haut des rocs. Leurs pertes sont très importantes. Celles des alliés, au contraire, assez faibles.

Cette affaire est le digne pendant de celle du Caire, où Carteaux, dès le début du siège, a voulu, sans un plan intelligemment conçu, sans préparation, s'emparer d'une position bien défendue. Elle montre le défaut de ces attaques exécutées à la légère, contre un ennemi courageux et résolu, où le terrain conquis ne peut jamais être conservé. Elle est pour les alliés, pour les royalistes toulonnais, un très grand encouragement. La population accueille le soir même les vainqueurs, quand ils reviennent dans la ville, par des acclamations enthousiastes ; elle leur offre des couronnes de laurier.

L'amiral Gravina, qui a vaillamment conduit une des colonnes, est atteint d'une blessure à la jambe, qui le rend pendant plusieurs semaines incapable de marcher. C'est une grosse perte pour les alliés, car, indépendamment de ses qualités militaires, il a, par sa souplesse et son tact, facilité de son mieux les relations avec les Anglais. Son successeur, le général de brigade Izquierdo, est beaucoup moins accommodant. Ses rapports avec Mulgrave, lui aussi d'un caractère difficile, sont, dès les premiers jours, peu satisfaisants. Il faut que des tiers interviennent à chaque instant pour éviter une rupture et un éclat.

En tête de la colonne britannique que Mulgrave conduisait à l'assaut, marchait un « gentleman » écossais, Thomas Graham, qui s'était enrôlé comme volontaire. Quelques mois auparavant, sa jeune et belle femme, dont il était très épris, était morte poitrinaire sur la Riviera. Tandis qu'il ramenait son cercueil en Angleterre, une bande de Jacobins, obsédés par la crainte d'une conspiration, convaincus que le cercueil contenait des armes cachées, s'en saisirent, l'ouvrirent et le profanèrent. Fou de colère, assoiffé de vengeance, Graham s'engagea aussitôt dans les troupes britanniques et se conduisit fort vaillamment au cours de tous les engagements devant Toulon. Son goût pour le métier des armes ne fit que grandir par la suite. Il gagna l'un après l'autre tous les grades. Il était général vingt ans plus tard et l'un des principaux lieutenants de Wellington, à côté de qui il fit toute la campagne, dans la péninsule et le sud de la France.

Lapoype, après cet échec, avait été cassé de son commandement par Carteaux ; mais les conventionnels, qui avaient confiance en lui, le réintégrèrent.

Nullement découragé par cet insuccès, il essaya, deux semaines plus tard, le 15 octobre, d'enlever avec 400 hommes les hauteurs du cap Brun, où se trouvait une batterie pas encore terminée et défendue par 250 Français appartenant au régiment nouvellement constitué : le Royal-Louis. Bien que des renforts anglais envoyés du fort Lamalgue fussent venus à la rescousse, les royalistes français, débordés par les assaillants, furent obligés de se replier. Ils firent cependant bonne contenance et se battirent fort bien.

La hauteur du cap Brun domine une partie importante de la grande rade. Elle est un peu, du côté est, ce que sont les hauteurs du Caire du côté ouest ; la position est moins importante cependant que cette dernière, qui commande, elle, toute la petite rade et le voisinage immédiat des arsenaux et du port.

L'idée de l'attaque était donc bonne en elle-même ; l'exécution ne le fut pas. Au cap Brun, comme au Faron, Mulgrave riposta avec décision et rapidité. Il dirigea ses colonnes non point sur le cap Brun lui-même, mais sur les hauteurs de Thouars, vers le village de La Garde, de manière à menacer les communications de l'ennemi. Cette menace suffit. Les troupes de Lapoype durent évacuer immédiatement la position qu'elles venaient de conquérir, et qui fut réoccupée sans difficulté par les alliés.

Tous ces engagements, en somme, l'attaque du mont Faron le 1er octobre, du cap Brun le 15, confirment, d'une manière éclatante, l'opinion de Bonaparte. On peut, par surprise, s'emparer d'une position ; mais on ne réussit pas à la garder. Si elle n'est pas immédiatement, solidement organisée et protégée par des tirs réglés d'artillerie, on est obligé, quelques heures plus tard, de l'évacuer, si bien que tous les efforts accomplis, tous les sacrifices, le sont en pure perte.

Ces idées gagnent de plus en plus l'esprit des représentants conventionnels ; leurs correspondances, leurs rapports en témoignent.

Leurs critiques de Carteaux se font de plus en plus vives. Dès le 26 septembre, Salicetti demande au Comité de Salut public son remplacement. On songe à le remplacer par Lapoype ; mais celui-ci a sa femme et sa fille prisonnières dans Toulon, ce qui fait craindre qu'il ne montre pas assez d'énergie.

Le 12 octobre, les représentants, revenant vigoureusement à la charge, écrivent à la Convention : « Pour vaincre, il faudrait à Carteaux, outre la bonne volonté, des moyens personnels, et nous ne vous avons pas dissimulé depuis longtemps que nous ne lui en connaissons pas d'autres que sa réputation. »

La lettre tout entière n'est qu'un cri d'alarme,

destiné à impressionner le gouvernement, à obtenir de lui toutes les mesures qui s'imposent : changement du général, renforcement des effectifs et du matériel d'artillerie.

Barras, Fréron, Robespierre jeune s'associent à leurs collègues. Ils finissent, à force d'insistance, par obtenir satisfaction.

Le 23 octobre, une lettre ministérielle enjoint à Carteaux de quitter Toulon pour se rendre à l'armée d'Italie. Après s'être répandu en doléances indignées, il est bien obligé d'obéir. Il part le 7 novembre. Il est remplacé par le général Doppet, qui arrive le 12. Le remplaçant ne vaut pas mieux que le remplacé. Passer de Carteaux à Doppet, c'est tomber de Charybde en Scylla. Savoyard, ancien médecin, ayant dans sa jeunesse servi aux gardes françaises, il avait, en s'emparant de Lyon, remporté un succès bien facile. Mais son talent militaire était inexistant.

Cependant, le changement du général en chef, le renforcement incessant des troupes marquent, de la part de la Convention, la volonté énergique de reconquérir Toulon à tout prix.

XIII

UN CHEF : DUGOMMIER

Doppet vient à peine de prendre son commandement, qui doit d'ailleurs être court, qu'une escarmouche, comme il s'en produit dans les sièges, où les adversaires sont à portée de fusil, se transforme en une véritable bataille.

Un bataillon de la Côte-d'Or, de garde devant le fort Mulgrave, indigné des mauvais traitements que les Espagnols infligent à un prisonnier français, prend les armes et se précipite spontanément contre le fort. Le régiment, puis la division entière, le suivent Bientôt, toute la ligne est en feu.

Attirés par la fusillade, Bonaparte et Doppet accourent du quartier général : « Le vin est tiré, s'écrie Bonaparte, il faut le boire. » Il décide de pousser l'attaque à fond. Doppet le laisse faire.

Les Anglais réagissent vigoureusement. O'Hara, leur nouveau général, fait canonner les troupes républicaines. Un des aides de camp de Doppet est tué à ses côtés, sur quoi le général fait battre immédiatement en retraite. Bonaparte raconte dans ses Mémoires que, furieux de ce contre-ordre qui faisait perdre une occasion favorable, il accourut au galop devant son chef et s'écria : « Le j...-f... qui a fait battre la retraite nous fait manquer Toulon. »

L'anecdote est-elle vraie? Elle est en tout cas vraisemblable. Et, ce qui paraît la confirmer, c'est le rappel de Doppet quelques jours plus tard. Il est envoyé par la Convention à l'armée des Pyrénées-Orientales où, selon le dire de Napoléon, il signala son arrivée en faisant guillotiner plusieurs généraux.

Après deux essais très fâcheux, le Comité de Salut public a enfin la main heureuse. Il nomme commandant en chef Dugommier, et ce choix est excellent.

Ancien officier des armées royales, il s'était

distingué pendant la guerre de Sept ans, puis celle de l'Indépendance américaine. Retiré du service, il vivait dans ses riches propriétés de la Martinique, lorsque la révolution éclata. Il défendit courageusement l'île contre les Anglais qui, finalement, l'en chassèrent. Ruiné, réfugié en France, il reprend son épée, est nommé général de brigade à l'armée d'Italie. Quand les Piémontais essayent de franchir le Var, il les bat au camp de Gilette, ce qui lui vaut le grade de général de division. Il avait cinquante-cinq ans.

Napoléon, le meilleur des juges, en a fait un grand éloge : « Extrêmement brave de sa personne, il aimait les braves et en était aimé. Il était bon, quoique vif, très actif, juste, avait le coup d'œil militaire, le sang-froid et l'opiniâtreté dans le combat. »

***

Son arrivée marque un moment décisif, un point tournant dans les opérations du siège. Jusqu'alors, la médiocrité du commandement empêchait l'armée républicaine de pousser de l'avant. Désormais, sous l'impulsion d'un chef énergique, les opérations vont se précipiter. Le siège est commencé depuis plus de deux mois sans qu'on soit arrivé à un résultat appréciable. Cinq semaines après, la place est emportée.

En même temps qu'il change le général, le Comité de Salut public redouble d'énergie. De Lyon, de l'armée d'Italie, tous les renforts dont il peut disposer sont dirigés en toute hâte sur Toulon.

Dès le début, Bonaparte, désireux de rendre à l'artillerie tout son prestige, avait demandé l'envoi d'un général de cette arme. Son désir est exaucé. Le général Du Teil arrive presque en même temps que Dugommier. Il prend le commandement de l'artillerie. En fait, il ne l'exerce guère. Vieilli, fatigué, pouvant difficilement se rendre aux positions, il se repose presque entièrement sur son jeune commandant, qui possède la confiance des commissaires et aussi, dès le premier contact, celle de Dugommier.

Les témoignages concordent là-dessus. Bonaparte continue à signer les pièces officielles ; il adresse au ministère de la Guerre les états de situation, les bulletins des batteries, les récits des engagements.

Voilà un fait extraordinaire et qui mérite qu'on s'y arrête. Un jeune officier, capitaine il y a un mois, commande effectivement l'artillerie d'une importante armée assiégeante, alors qu'il se trouve sur place un général de division, régulièrement investi de cette charge.

Pour qui connaît les règles de la hiérarchie militaire, comment expliquer cette anomalie en apparence inexplicable? Les circonstances y sont pour beaucoup, sans doute. L'homme, cependant, compte beaucoup plus encore que les circonstances.

Il possède un don de commandement qui se fait sentir instantanément et auquel personne n'échappe. Marmont fut un des premiers à le subir. « Bonaparte, écrit-il, fut là comme il devait être partout. Toute lutte de pouvoir devait cesser à son apparition. Il fallait se soumettre à son influence. »

A ce moment arrive également le capitaine Marescot, chargé de commander le génie.

Il a laissé des opérations du siège un très curieux récit, qui se trouve à la Direction du génie à Toulon. Marescot, rien n'est plus naturel, voit les choses avec l'œil d'un « sapeur ». Il aimerait un siège classique, régulier, orthodoxe, mené à coups de tranchées et de parallèles. Il comprend cependant que le temps, les moyens, les effectifs manquent pour une opération de ce genre, qu'il y a tout avantage à procéder autrement : préparation d'artillerie, canonnade, attaque brusquée sur une des positions dominantes.

Quelques jours après l'arrivée de Dugommier, le 25 novembre, se tient un conseil de guerre auquel assistent tous les représentants en mission, les généraux, les commandants des diverses armes. On examine, dans l'ensemble comme dans le détail, la situation ; on fait le point.

Sur la nécessité de se hâter, tout le monde est d'accord. Le Comité de Salut public est là, dont les ordres impérieux ne souffrent aucun délai. Il se montre de plus en plus impatient. Il écrit à Dugommier : « Vous prendrez Toulon ou vous mériterez nos regrets ! » Dugommier, qui n'ignore pas le sort de tant de généraux guillotinés, sait, mieux que personne, ce que cette périphrase peut signifier.

Les assiégeants, d'autre part, ayant des intelligences dans la place, savent que les alliés attendent des renforts importants : régiments anglais expédiés de Gibraltar, troupes autrichiennes, qui peuvent changer du tout au tout l'équilibre des forces. L'armée républicaine, les populations du littoral, surtout à Marseille, éprouvent à se ravitailler des difficultés grandissantes. Le mauvais état des chemins retarde et même arrête les transports par terre. La surveillance des bateaux anglais rend incertains et précaires les transports par mer.

Le désir d'aller vite fait écarter tout de suite les plans très compliqués que des ingénieurs, particulièrement d'Arcon, avaient envoyés de Paris, qui visaient à un investissement régulier de la place par des forces considérables, atteignant le chiffre de 150 000 hommes. A supposer qu'on eût jamais disposé de ces forces, il aurait fallu des mois pour les rassembler.

Ces projets écartés, on revient toujours, qu'on le veuille ou non, au plan de Bonaparte : l'enlèvement, après une violente préparation d'artillerie, des positions dominantes, à savoir les hauteurs du Caire.

Le Conseil décide d'exécuter aussi vite, aussi énergiquement que possible, ce projet. Afin d'augmenter l'effet produit, la division de l'est essaiera en même temps d'enlever la montagne du Faron. Pour tromper l'ennemi, pour le fixer sur tout le front, des diversions seront faites en d'autres endroits, particulièrement à Malbousquet.

***

Bonaparte avait réussi à installer des batteries puissantes qui canonnaient de près les ouvrages ennemis. L'une d'elles, celle de la *Convention*, causait de sérieux dommages au fort Malbousquet, qui était moins un fort proprement dit qu'un ouvrage de fortune. Or, si Malbousquet tombait, les assiégeants étaient en état de bombarder Toulon, la ville et les arsenaux.

Comme, en plus de cette batterie, Bonaparte en préparait, du côté sud, deux autres, très menaçantes elles aussi, les assiégés, pour se donner de l'air, résolurent d'enlever ces ouvrages. Le général O'Hara monta avec soin une attaque, qui devait se faire avec des effectifs anglais, napolitains, espagnols, sardes, français, soit 2 300 hommes en tout.

Les troupes se massent pendant la nuit, dans Malbousquet. Le 30 novembre, avant le jour, à quatre heures du matin, elles attaquent les positions ennemies, dont certaines étaient assez faiblement défendues. Les batteries de la Poudrière, la Farinière, la Convention, sont enlevées sans difficulté. Toutes les hauteurs tombent bientôt aux mains des assiégés, qui, mieux conduits, fermement tenus en mains, pouvaient, non seulement enclouer tous les canons, mais se retrancher solidement sur les positions conquises, et même pousser hardiment jusqu'à Ollioules, afin d'y détruire le matériel de siège.

Ce premier succès remporté, les soldats alliés s'égaillent à travers les olivettes, les vignes et les bastides. « Ils se dispersèrent, écrivit lord Hood, grand chasseur de renard, comme des chiens qui abandonnent la meute. »

Les conséquences de cette faute ne sont

pas longues à se faire sentir. Dugommier, Bonaparte, Salicetti accourent en toute hâte sur le lieu du combat. Ils rallient vigoureusement leurs hommes, organisent sans retard une contre-attaque. Trois bataillons, conduits par Dugommier, partent bravement de l'avant. tandis que d'autres colonnes cherchent, par un détour, à menacer les communications des assiégés.

Ceux-ci, dispersés, sans cohésion, ne tiennent pas. De la batterie de la Convention, O'Hara, voyant leur déroute, se jette au milieu des combattants. Atteint d'un coup de fusil, incapable de fuir, il est fait prisonnier par les républicains, qui essaient de profiter de leur avantage, de s'emparer de Malbousquet. Mais les canonniers anglais tirent sur eux à mitraille et repoussent facilement leur attaque.

L'affaire, après un très heureux début, a été, somme toute, mauvaise pour les assiégés, qui ont échoué dans leur tentative, qui ont eu leur général prisonnier.

Ce n'est pas qu'en lui-même, O'Hara soit une grande perte. Il avait plutôt les qualités d'un soldat que d'un chef. Un de ses compatriotes, Elliot, critique sa nervosité, son excitabilité, son pessimisme. « La nuit qui précéda la bataille, écrit-il, il ne fit qu'aller et venir dans sa chambre, voyant tout en noir, donnant libre cours à ses appréhensions. » Le bruit se répandit même que, désireux d'échapper à une responsabilité écrasante, au-dessus de ses forces, il s'était arrangé pour tomber aux mains de l'ennemi.

Dugommier, au plus fort de la mêlée, avait reçu deux légères blessures. Bonaparte s'était battu, lui aussi, au milieu des fantassins. Se glissant à la tête d'un bataillon, le long d'un boyau couvert qui rejoignait une des batteries, il arriva, sans être aperçu, tout près des ennemis, ouvrit à bout portant le feu, provoquant parmi eux une terrible confusion. Il fut promu colonel à la suite de cette affaire.

Il y avait un point noir, un seul : les troupes françaises avaient, dans cette seule journée, brûlé, ou plutôt gaspillé 500 000 cartouches, ce qui, par suite de la grande pénurie de poudre, constituait un très gros embarras.

L'échec de cette sortie, préparée avec soin et dont on attendait les plus brillants résultats, surtout la capture, par les républicains, du général anglais qui la commandait, produisirent parmi la population toulonnaise une très mauvaise impression. Bien des gens n'arrivaient pas à s'expliquer qu'un général chargé de diriger l'opération eût été assez imprudent, assez léger, pour courir ainsi le risque de se faire prendre, comme un simple lieutenant. De là à supposer qu'il l'avait fait exprès, il n'y avait qu'un pas. Ce pas fut aisément franchi.

En même temps que le découragement, cette capture provoqua, au sein de la population assiégée, toutes sortes de soupçons. Quelques événements ultérieurs ne firent que les aggraver.

Chez les Anglais, surtout lorsqu'ils ont atteint les hauts grades, le souci, ou plutôt le besoin, du confort ne perd jamais ses droits. O'Hara prisonnier, à peine était-il conduit à Dugommier qui, parfait gentleman lui-même, le traite avec courtoisie, qu'il réclame à grands cris, de Toulon, son chirurgien, son domestique et ses effets. Le major Campbell, prisonnier lui aussi, désireux de ne pas laisser improductifs des fonds laissés dans la place, demande qu'on lui fasse tenir sans retard son argent, environ deux cents guinées, « sous forme, dit-il, de quelques bons effets sur Londres ».

Rien de plus britannique que ces diverses requêtes.

Dugommier s'empresse d'y donner satisfaction. Un parlementaire est dépêché au fort Malbousquet, pour porter les lettres des prisonniers. Les Toulonnais, qui l'apprennent aussitôt, ne manquent pas de s'en étonner, et bientôt de s'en alarmer. Cet échange d'égards et de politesses leur paraît suspect.

Mais ce qui se passe deux jours plus tard les étonne bien davantage.

Un nouveau parlementaire républicain arrive auprès des chefs britanniques et, tout de suite après, une voiture fermée, attelée de quatre chevaux, prend la direction du fort La Malgue.

Que signifie la présence de cet émissaire? Ainsi qu'il arrive dans une ville assiégée, en proie à ce que l'on appelle la *folie obsidionale*, au milieu d'une population surexcitée, les bruits les plus étranges, les suppositions les plus extravagantes commencent à se répandre. On prétend que, parmi les parlementaires républicains, se trouve Robespierre le jeune, qu'il est chargé de négocier avec les Anglais, contre argent comptant, la reddition de la ville, que Toulon est ainsi, d'ores et déjà, vendu aux républicains.

Le seul fait que des histoires aussi invraisemblables soient mises en circulation est déjà très significatif. Il montre à quel point les Toulonnais ont perdu confiance. Leurs esprits sont *frappés*.

En réalité, le parlementaire de Dugommier avait simplement pour mission de s'assurer, en échange du bon traitement dont le général anglais venait d'être l'objet, du sort des deux commissionnaires de la Convention, Baille et Beauvais, emprisonnés au fort La Malgue.

***

« Quand il pleut sur nos troupes, disait Foch à l'un des moments critiques de la guerre, disons-nous, pour nous consoler, qu'il pleut aussi sur celles de l'ennemi. »

Vers la fin du siège, chacun des adversaires

était porté à voir sa situation sous des couleurs plutôt sombres.

Les assiégés, faute de recevoir les renforts espérés, se rendaient compte qu'il leur serait de plus en plus difficile de résister à la pression des républicains, qui s'exerçait de tous les côtés à la fois. Le cercle, autour de Toulon, se resserrait de jour en jour. Jusqu'alors, ils avaient tant bien que mal paré les coups, maintenu les positions essentielles ; mais seraient-ils en état de les garder longtemps?

Chez les assiégeants, eux aussi, le découragement tendait à se glisser. Et, chose en apparence paradoxale, qui s'explique cependant fort bien, il se faisait sentir moins à l'avant qu'à l'arrière.

On se souvient du dessin célèbre de Forain pendant la guerre : deux soldats dans la tranchée, la mitraille sur la tête et les pieds dans la boue, qui se disent l'un à l'autre: « Pourvu que les civils tiennent ! »

Les civils, surtout dans la région de Marseille, tenaient moins bien que les combattants. Ces derniers, depuis qu'ils étaient commandés par un chef énergique, Dugommier, étaient résolus à emporter Toulon coûte que coûte. Mais, parmi les populations de Provence qui manquaient de vivres, surtout à Marseille, où la disette commençait à se faire sentir, le moral était beaucoup moins bon. Le détestable état des routes, qui ne faisait qu'empirer, n'allait-il pas prochainement rendre impossible l'envoi des vivres et des munitions à l'armée assiégeante? Cette dernière, à mesure que ses effectifs grossissaient, pouvait de moins en moins se ravitailler sur le pays : ne serait-elle pas obligée, faute de ravitaillement, de lever le siège et de se replier? Dans ce cas, plutôt que d'attendre à la dernière minute pour opérer une retraite qui risquait de provoquer un terrible désordre, n'était-il pas prudent de s'y prendre à l'avance, de se retirer sans retard de l'autre côté de la Durance, pour se mettre en état de recommencer les opérations le printemps suivant?

Il semble que ce découragement ait gagné certains commissaires de la Convention. Le Comité de Salut public reçut une lettre signée de Barras et Fréron, qui contenait cette suggestion. Il décida, sincèrement ou par calcul, de la tenir pour apocryphe, et ses auteurs, dans la crainte des conséquences, s'empressèrent de la désavouer.

On la représenta comme une manœuvre de la « perfide Albion », une conspiration ourdie de toutes pièces par les ennemis de la République, afin de brouiller les cartes, de semer la défiance et la panique parmi les patriotes.

XIV

LE CAIRE EST PRIS : LES ANGLAIS PARTENT

Le 11 décembre, un nouveau conseil de guerre se tient à Ollioules, où se scellent les destinées de Toulon. La décision est prise d'exécuter, avec toutes les forces disponibles, une attaque principale sur la hauteur du Caire, une autre, moins importante, sur la montagne du Faron. Que la première des deux réussisse, et, la rade de Toulon devenant intenable aux vaisseaux des alliés, ceux-ci seront obligés de l'évacuer.

L'armée d'Italie vient d'envoyer un corps d'élite de 2 500 hommes, qu'avait demandé Dugommier. Ce sera le noyau des forces destinées à enlever de haute main, dans un combat « à la française », le Petit Gibraltar.

L'attaque doit être précédée d'un bombardement aussi violent, aussi intense que possible, destiné à bouleverser, à démolir les redoutes, à faciliter l'assaut.

Ici, l'énergie, l'activité de Bonaparte trouvent leur récompense. Les batteries qu'il a montées et mises en place font merveille. Celle des *Jacobins*, des *Hommes sans peur*, des *Chasse-Coquins*, croisent et concentrent leurs feux, tirant sans répit sur les positions ennemies, durant les trois journées qui précèdent : les 14, 15 et 16 décembre. Entre temps, toutes les autres positions du front sont soumises à un violent bombardement, de manière à tenir partout sur le qui-vive les assiégés, à leur cacher le point où se produira l'attaque principale.

Parallèlement à la route qui rejoint la Seyne et Saint-Mandrier, sur la pente ouest du ravin, un vieux chemin très étroit, très pittoresque, bordé de bastides et de villas, gravit par une pente raide la colline. C'est le chemin de *l'Evescat*. Presque au bout de la montée, à la porte d'une de ces villas, une inscription rappelle aux passants l'emplacement de la batterie des Hommes sans peur. C'est à l'extrémité supérieure du jardin, derrière la villa, sur un terrain vague, auquel on accède par un sentier, qui se détache aux dernières maisons de la Seyne, sur la route des Sablettes, que Bonaparte avait vraisemblablement installé une partie de ses canons, destinés à battre le fort Mulgrave.

Ici, comme partout, il avait amené ses pièces aussi près que possible de leur objectif.

Sentant toute l'importance du fort Mulgrave, qui défend les hauteurs du Caire, le général anglais Dundas, remplaçant O'Hara prisonnier, y dépêche 300 Anglais, qui viennent renforcer les Espagnols et les Napolitains. La position, ce qui fut heureux pour les assiégeants, n'avait pas été aménagée avec toutes les précautions et selon toutes les règles désirables. Le Piémontais Revel constatait que l'enceinte manquait de défenses solides. Certaines parties, vers l'ouest, notamment, étaient faibles ; les assaillants pouvaient les atteindre d'une courte distance. Ces parties-là étaient occupées par les Napolitains et les Espagnols; ce sont celles qui furent enlevées en effet.

Dugommier rassemble une force de 7 000 hommes, dont 4 000 excellents soldats. Il décide de donner l'assaut dans la nuit du 17 décembre, à une heure du matin. Les troupes, dans la soirée qui précède, se concentrent au village de la Seyne. Trois colonnes sont constituées : l'une avec 2 000 hommes, sous les ordres de Victor, le futur maréchal, longera, par un détour, le rivage, pour venir attaquer la droite de l'ennemi.

La deuxième attaquera de front.

La troisième, formant la réserve, restera à la disposition du commandant en chef, pour être employée où sa présence sera nécessaire.

Toute la nuit, une pluie violente, torrentielle, comme il en tombe parfois dans ces régions, ne cesse pas. Dugommier songe un moment à différer l'affaire. Bonaparte est d'un avis opposé, estimant que la pluie n'est pas une circonstance défavorable, loin de là. Les hommes, selon lui, sont, quand ils veulent, plus forts que les éléments.

A l'heure dite, les colonnes s'ébranlent. Le fort Napoléon, qui fut construit un peu plus tard, sous le Premier Empire, marque l'emplacement de l'ancienne redoute Mulgrave. Du haut de ses talus, on a tout le champ de bataille sous les yeux.

Les pentes qui conduisent en haut de la colline sont très escarpées et très raides. Dans la nuit, sous la pluie qui tombe en rafales, les républicains, Dugommier, Bonaparte en tête, montent à l'assaut. Ainsi qu'il arrive souvent, une des colonnes perd sa direction et s'éparpille dans l'obscurité. Mais certains de ses éléments, les meilleurs, n'en continuent pas moins leur progression. Une poignée de grenadiers parviennent à se glisser dans le fort. Après un corps-à-corps, ils sont finalement repoussés.

Cependant, deux des avant-postes ennemis, tenus par des Napolitains et des Espagnols, sont enlevés, leurs défenseurs obligés de se replier. Bonaparte, qui marche en tête de la colonne de réserve, porte en avant un de ses capitaines, Muiron, avec un bataillon qui, connaissant à merveille les chemins, parvient à escalader la pente, à se rendre maître d'une embrasure, par laquelle Dugommier et Bonaparte pénètrent en même temps dans la casemate.

Les canonniers anglais se font héroïquement hacher sur leurs pièces. La garnison, chassée de la position principale, se réforme sur un mamelon voisin et exécute trois attaques pour la reprendre; mais les Espagnols finissent par lâcher pied.

Le matin, à l'aube, tout ce qui reste de défenseurs, conduits par le capitaine anglais Conoly, deux Français, les chevaliers de Napion et de Beauregard, déjà presque encerclés par les ennemis, parviennent à s'ouvrir un passage, à dégringoler la pente qui conduit en dessous, sur le bord de la rade, aux forts de l'Éguillette et de Balaguier.

« Au milieu de l'obscurité, écrivait, vingt ans après, Napoléon, de la pluie, d'un vent épouvantable, et du désordre, des cadavres et des cris, des blessés et des mourants, on eut beaucoup de peine à organiser six pièces. Aussitôt qu'elles commencèrent le feu, l'ennemi renonça à ses attaques et battit en retraite.

» Peu de moments après, le jour parut. Ces trois heures furent trois heures d'anxiété et d'inquiétude. Ce ne fut qu'au jour, et lorsqu'on était maîtres du fort depuis longtemps, que les représentants de la Convention vinrent, le sabre à la main, d'un air décidé et luron, complimenter les soldats. »

L'ennemi tenait encore deux mamelons, situés au-dessus de l'Éguillette et de Balaguier. Mais ils étaient dominés par le fort, passé entre les mains des assiégeants. Dès que ceux-ci eurent installé quelques pièces, ces mamelons, et bientôt après les deux forts eux-mêmes, furent en toute hâte évacués.

Tout ce qui restait de troupes s'embarqua sur des chaloupes, sous la protection des bâtiments de guerre.

Les Anglais, selon leur habitude, avaient, avant le départ, égorgé chevaux et mulets, ce qui provoqua l'étonnement et l'indignation de leurs adversaires, portés à voir, dans ce massacre de bêtes innocentes, une marque d'inhumanité et de barbarie. Les Anglais, se montrant en cela des précurseurs, avaient, dès cette époque, une idée pratique et utilitaire de la guerre. Tout ce qui ne peut pas être évacué et qui pourrait servir à l'ennemi doit être détruit, que ce soit des bateaux ou des chevaux. Rien de plus naturel pour eux, de moins naturel pour les Français.

Cette conception de la guerre n'a fait, malheureusement, il faut le reconnaître, que s'affirmer et se préciser depuis.

*
* *

Bonaparte avait, au cours de toute cette affaire, très vaillamment payé de sa personne. Il eut, au sortir de la Seyne, son cheval tué sous lui. Il fut contusionné à la cuisse en pénétrant dans l'embrasure du fort, à côté de son chef Dugommier. C'est un véritable officier de troupe qui fait le coup de feu au milieu de ses soldats.

*
* *

En même temps que les républicains remportaient cet éclatant succès, la division de l'est, conduite par Lapoype, s'emparait du mont Faron.

Le détachement d'Espagnols qui tenait le Pas de la Masque se laissa surprendre. Malgré la résistance des Anglais et des Piémontais, la montagne tout entière ne tarda pas à être enlevée.

Les hauteurs du Caire perdues par les assiégés, les canons républicains maîtres de balayer la plus grande partie de la rade, on allait voir tout de suite si les conséquences prédites par Bonaparte se réaliseraient.

Elles se réalisèrent, exactement comme il les avait prévues.

A peine ces deux événements sont-ils connus que les alliés tiennent en toute hâte un important conseil de guerre : il se réunit vers le milieu du jour, sous la présidence de lord Hood, avec tous les généraux anglais, espagnols, napolitains, piémontais.

La question posée est celle-ci : Après la perte du fort Mulgrave et du Faron, la ville et le port de Toulon sont-ils tenables? Peut-on établir au cap Cépet une batterie capable de protéger la rade?

La majorité du conseil estime que la rade et la ville, désormais intenables, doivent être évacuées sans retard.

Dans la discussion qui s'engage, lord Hood, avec l'énergie de son tempérament, la ténacité de sa race, se montre partisan de la résistance à outrance. Il fait valoir l'arrivée imminente de 5 000 excellents soldats autrichiens, de deux régiments anglais envoyés de Gibraltar. L'amiral espagnol Gravina, très énergique lui aussi, partage cette opinion.

Mais, étant les seuls de cet avis, ils n'hésitent pas un instant à s'incliner devant la volonté de la majorité. Le Piémontais Revel, s'adressant à lord Hood : « Milord, lui dit-il, l'Europe tout entière sait que c'est vous qui avez pris Toulon ; personne ne vous accusera de l'avoir perdu. »

Cette remarque clôt la discussion.

Il est décidé d'évacuer les forts et les postes les plus éloignés, de concentrer les troupes à Artigues, Malbousquet, Missiessy, qui seront défendus le plus longtemps possible, afin de protéger la retraite.

On décide aussi d'informer la population que, si les alliés jugent l'évacuation nécessaire, ils feront tout leur possible pour permettre aux civils de partir avec eux ; tous les vaisseaux de guerre français qui ne suivront pas les alliés seront brûlés, ainsi que les magasins et l'arsenal.

La décision, sur tous ces points, est prise à l'unanimité.

***

L'évacuation commence immédiatement ; elle s'accompagne, ce qui est fatal, de beaucoup de précipitation et de désordre.

Il semble, d'après les récits des témoins, que la population ne crut pas, tout d'abord, à un abandon aussi rapide. Les événements s'étaient déroulés d'une façon si imprévue, si soudaine, que parmi les civils beaucoup se trouvèrent pris au dépourvu.

Les mauvaises nouvelles, cependant, tout d'abord assez vagues, ne tardent pas à se préciser. Les troupes alliées font leurs préparatifs d'embarquement, difficiles, sinon impossibles à dissimuler. Alors, tout d'un coup, la terreur, l'affolement s'emparent des malheureux habitants. Tous ceux — et ils sont nombreux — qui se sentent menacés, veulent partir, et tout le monde veut partir à la fois. Les embarcations particulières, barques de pêche, canots, « bettes », « pointus », tartanes, sont en assez petit nombre.

Ceux qui les ont entendent les garder pour eux. S'ils les cèdent, c'est à des prix exorbitants. Quant aux alliés, ils se préoccupent avant tout d'emmener leur matériel et leurs soldats : les civils ne viennent qu'après.

Les reproches d'inhumanité, de cruauté qui leur ont été adressés, surtout aux Anglais, coupables, prétend-on, de ne pas avoir fait leur possible pour embarquer sur leurs bateaux les Toulonnais qui demandaient à partir, paraissent, pour une bonne part, exagérés. Un nombre assez grand d'habitants furent évacués. Si les Anglais ne firent pas davantage, c'est que, vraisemblablement, ils ne le pouvaient pas. Ils disposaient d'un temps très court, une ou deux journées à peine. Les républicains, exaltés par leur triomphe, sentant l'adversaire fléchir, serraient de plus en plus près la place, qui allait tomber entre leurs mains. Une panique qui se produisit chez les Napolitains défendant la batterie de Missiessy permit aux assiégeants d'enlever le fort Malbousquet, d'où ils pouvaient canonner la place elle-même. Napolitains et Espagnols se replient en toute hâte et se débandent. Ce désordre parmi les combattants provoque naturellement un désordre beaucoup plus grand chez les civils.

*
* *

A l'instigation des Anglais, il avait été résolu d'incendier ceux des bateaux français qui ne pouvaient pas être emmenés, ainsi que les arsenaux et les magasins.

Un officier britannique intrépide et aventureux, sorte d'enfant perdu, le capitaine Sydney Smith, fut chargé de cette mission. C'était exactement l'homme qu'il fallait. Bonaparte devait le retrouver d'ailleurs sur son chemin, quelques années plus tard, en Syrie.

Sydney Smith, avec une poignée d'hommes, allume un peu partout, dans les magasins, les hangars, sur les bateaux, un gigantesque incendie. Les Espagnols, qui devaient le seconder, au lieu de couler deux frégates chargées de munitions, y mettent le feu, ce qui provoque une terrible explosion. Tout flambe à la fois. Les grands vaisseaux de haut bord, avec leurs énormes carènes, leur haute mâture, brûlent comme des torches. De tous côtés, des flammes, des détonations, des clameurs et des gémissements.

« En pleine nuit, écrivait plus tard Napoléon, l'horizon à plusieurs lieues était tout en feu. Il faisait clair comme le jour ; le spectacle était sublime, mais déchirant. »

Heureusement, le temps manquait aux incendiaires pour achever l'œuvre si bien commencée. Les forçats du bagne, dont beaucoup avaient rompu leurs chaînes, s'employèrent de leur mieux à éteindre le feu. Une partie des navires, des magasins, des entrepôts, purent ainsi être sauvés.

Cet incendie souleva, dès qu'il fut connu, les plus vives colères, les protestations les plus véhémentes contre l'Angleterre. C'est un signe des temps.

Depuis lors, à vrai dire, nous en avons vu bien d'autres.

***

En évacuant Toulon, les alliés, surtout les Anglais, qui menaient le jeu, poussèrent-ils jusqu'à son extrême limite la capacité de résistance?

Le chef d'une place assiégée a le devoir de ne la livrer que lorsqu'il lui est devenu matériellement impossible de la conserver un instant de plus. Pareille impossibilité n'apparaît pas ici en pleine évidence. A n'envisager que le côté purement militaire, la place, qui contenait une garnison nombreuse, pouvait tenir quelque temps encore, semble-t-il.

Mais le moral des défenseurs était détruit. C'est là qu'il faut chercher la vraie raison de leur retraite. La confiance les avait abandonnés. L'amiral Hood et Gravina, excellents soldats, auraient bien voulu prolonger un peu la résistance. Leurs compagnons d'armes refusant de les suivre, ils ne firent aucun effort pour les entraîner. Ils estimèrent, eux aussi, que la partie était irrémédiablement perdue.

Dugommier, qui jugeait la situation uniquement en soldat, s'attendait, de leur part, à plus de résistance. Il serait obligé, croyait-il, de prendre d'assaut Toulon, d'enfoncer les portes, d'escalader les murailles ; il avait fait préparer quatre mille échelles pour cette attaque.

Bonaparte avait, lui, une vision des choses plus complète et plus exacte. Son horizon était plus large. Dans ses calculs rapides et précis, les facteurs moraux interviennent au même degré que les facteurs matériels. Il a le pressentiment et même la certitude que, les communications par mer menacées, les alliés ne resteront pas plus longtemps dans Toulon.

La soudaineté de ce départ ne laissa pas, cependant, de surprendre les assiégeants eux-mêmes. Les forts évacués, les murailles de l'enceinte privées de leurs défenseurs, les républicains n'avaient plus qu'à pénétrer dans la place, le fusil à la bretelle. Ils mirent au contraire beaucoup de lenteur et de circonspection dans leur avance. Ils redoutaient des pièges, des chausse-trapes. Ils craignaient que les voies d'accès n'eussent été minées. Ce n'est qu'avec mille précautions qu'ils s'aventurèrent dans Toulon.

L'histoire n'est qu'un perpétuel recommencement. Il se produisit là ce qui devait arriver trois quarts de siècle plus tard, aux derniers jours, aux dernières convulsions de la Commune, lorsque les Versaillais effectuèrent leur entrée dans Paris reconquis. Leurs généraux, obsédés eux aussi par la terreur des mines, progressèrent avec une extrême lenteur, ce qui, malheureusement, donna le temps aux communards de poursuivre leurs incendies et leurs destructions.

***

La reddition de Toulon aux Anglais avait été ressentie par la France révolutionnaire comme une insulte, un outrage. C'était pour le pays une flétrissure, une tache qu'il fallait laver au plus tôt dans le sang. La réaction contre cet acte de félonie fut immédiate et profonde.

Toulon repris, cette heureuse nouvelle provoque un débordement d'enthousiasme. On la regarde comme une victoire nationale, retentissante, qui est aussitôt célébrée de mille manières, en prose comme en vers. Elle inspire un nombre considérable de pièces, représentées un peu partout.

Dès qu'elle en est informée, le 24 décembre,

la Convention décrète que l'armée républicaine dirigée contre Toulon a « bien mérité de la patrie ». Il sera célébré dans toute l'étendue de la République une fête nationale, le premier décadi qui suivra, dans chaque commune, la publication de ce décret. La Convention tout entière assistera à cette cérémonie.

Les représentants du peuple près l'armée victorieuse sont chargés de recueillir les traits d'héroïsme qui ont illustré la prise de cette ville rebelle. Ils distribueront des récompenses aux braves citoyens de l'armée.

Après les récompenses, les châtiments, qui, pour un crime de cet ordre, ne seront jamais assez sévères.

Le nom de Toulon doit être supprimé et remplacé par celui de *Port-la-Montagne*. Les maisons de la ville seront rasées. Seuls, seront conservés les établissements indispensables aux services de la guerre et de la marine.

Des punitions aussi terribles mesurent la colère qui les inspira. Elles expliquent la sévérité de la répression.

Les sanctions englobèrent pêle-mêle, comme

il arrive, les innocents et les coupables. Comment, dans le désordre de ces exécutions collectives, dans le tumulte des passions déchaînées, séparer les uns des autres? Il y faudrait un calme, une impartialité que les événements ne permettent point.

Quelle fut l'étendue des massacres, car on ne peut guère appeler d'un autre nom ces exécutions collectives, d'où toute justice est à peu près exclue?

C'est ce qu'il est assez difficile de préciser. Les écrivains royalistes ont une tendance naturelle à en grossir le chiffre.

Après la Commune, qui n'est pas sans analogie avec la révolte de Toulon, les sanctions furent aussi d'une sévérité inexorable. Les mêmes causes produisent les mêmes effets. Dans un cas comme dans l'autre, les vainqueurs laissent libre cours à leur colère ; elle s'appesantit lourdement sur les vaincus qui ont, à leurs yeux, commis le crime épouvantable de mêler la guerre civile à la guerre étrangère, de pactiser avec l'ennemi ou de faire son jeu en se révoltant, alors qu'il est encore tout proche, contre le gouvernement constitué. Ils les traitent beaucoup plus sévèrement qu'ils ne traiteraient les ennemis eux-mêmes.

Les hommes conduits en troupeaux sur une grande place, près des remparts, les Jacobins de la ville, arrachés aux prisons par l'entrée des républicains, remplissent l'office à la fois d'indicateurs, de dénonciateurs et de juges. Les « bons » séparés des mauvais, un bataillon de Sans-Culottes tire dans le tas.

XV

LA VIE A TOULON PENDANT LE SIÈGE

Il n'existe pas beaucoup de villes en France qui, dans le cours de plus d'un siècle, aient aussi peu changé que Toulon. Le quai, toute la vieille ville sont restés de nos jours ce qu'ils étaient sous la Révolution. Il suffit, pour s'en convaincre, de jeter les yeux sur les gravures du temps.

Le côté nord des fortifications, où passe aujourd'hui le boulevard, a été éventré. La partie orientale, la porte d'Italie avec ses fossés, ses ponts-levis, la place si pittoresque et si curieuse qui la borne, un des coins les plus colorés de Toulon, n'ont subi, pour ainsi dire, aucun changement. Il en est de même du fort

Balaguier, de l'Éguillette, en haut desquels, sur le mamelon du Caire, se livra l'épisode décisif de la bataille...

Vieilles rues étroites et toutes droites, coupant dans sa longueur la vieille cité, fermée d'un côté par la montagne et de l'autre par la mer.

Antiques maisons délabrées, décrépites, qu'une longue habitude, semble-t-il, fait, seule, subsister sur leurs bases, privées non seulement de toute commodité, mais encore de lumière et d'air. Presque toutes, même les plus pauvres, ont cependant une jolie porte en bois plein, cintrée dans sa partie supérieure, dont la petite clé ouvragée est attachée par une languette de cuivre, pour que nul ne puisse la dérober.

Un panier, fixé au bout d'une corde, pend dans l'escalier, tel un rudimentaire monte-charges, pour amener le pain, le lait et les légumes jusqu'aux étages supérieurs.

Une odeur indéfinissable, faite de mille relents, se dégage de ces rues et de ces couloirs. C'est un mélange de senteurs humaines, de moisi, d'humidité, de marée. Fort heureusement, le mistral, hôte habituel de ces lieux, remplit l'office de balayeur. Il prend d'enfilade les ruelles, les évente avec rudesse, emporte, de haute lutte, miasmes et relents.

La beauté, la parure, de la ville, c'est son quai, un vaste quai de pierres, aux larges dalles, aux nobles proportions, dont l'eau vient lécher, affleurer le rebord, tel que, sauf à Venise, il n'en existe d'aussi magnifique nulle part.

La ville entière a l'air de s'écouler vers le port et la rade.

Au centre de ce quai, l'hôtel de ville, une noble construction du XVIIe siècle, avec sa façade robuste, harmonieuse, d'une décoration sobre, les cariatides massives du portail supportant un élégant balcon.

Ce quai, les maisons qui le bordent, s'ouvrent sur un merveilleux paysage : le port, puis la petite rade, fermée dans le lointain par les collines de Tamaris et de Saint-Mandrier.

Ce que fut l'existence à Toulon pendant le siège, le journal d'un habitant de la ville, Verne, en donne une idée exacte et colorée.

Qui était ce Verne? Un bourgeois que l'on pourrait appeler le *Toulonnais moyen*, ni riche, ni pauvre, reflétant à merveille les opinions, les sentiments de la communauté. Ses préférences vont nettement aux royalistes. Aussi, se sentant compromis, et en homme prudent qu'il est, prend-il sagement la fuite au moment de l'entrée des républicains. Mais il est royaliste sans excès. Il porte sur les événements et les hommes un jugement modéré, raisonnable, objectif. Très avisé, très clairvoyant par surcroît, découvrant à merveille dès le début les erreurs, les défauts des alliés, leurs dissensions, leur égoïsme et leur courte vue, c'est un spectateur désabusé, ne se faisant pas grande illusion sur l'issue de la bataille engagée.

Le Toulonnais, aujourd'hui comme il y a un siècle, n'est guère un homme d'intérieur. Il est plus volontiers dans les rues, sur le port, au café, au jeu de boules que chez lui. Il reste dans sa maison juste le temps d'y manger et d'y dormir. Que la maison soit confortable ou non, c'est ce dont il ne se soucie guère.

Verne est, à cet égard, le type même du Toulonnais. La plus grande partie de sa journée, il la passe à flâner par la ville, observant tout ce qui arrive : les soldats anglais, espagnols, napolitains, piémontais, qui débarquent, la couleur de leur uniforme, le va-et-vient des embarcations dans le port, celui des navires dans la rade, le défilé des troupes se rendant aux forts ou en revenant. Il prend part aux conversations, écoute les nouvelles, et Dieu sait s'il s'en débite ! de vraies et de fausses, d'extravagantes et de raisonnables !

Voici, dès la première heure, l'arrivée des Espagnols. « Un régiment de marins, habit bleu, parements rouges, boutons et bord du chapeau jaunes. » Voici le débarquement officiel de lord Hood et de l'amiral espagnol don Juan de Langara : « Ils sont passés vers dix heures, avec les capitaines de tous les autres vaisseaux. Les deux amiraux vont au fort de la Malgue, qu'ils visitent. Ils débarquent ensuite sur le quai de l'hôtel de ville, aux applaudissements de la multitude. L'amiral français les salue de dix-neuf coups de canon ; la garde nationale borde la haie sur le quai. Les trois corps administratifs et le Comité général attendent les amiraux sur la palissade et les conduisent dans un logement qui leur a été préparé. Ils sont complimentés par ces corps, qui leur offrent les clés de la ville. »

Le dimanche 8 septembre, les prêtres espagnols disent leur première messe dans l'église Saint-Jean. (C'est là que se réunissait le club jacobin.) L'affluence y est extraordinaire. Ces prêtres ont exorcisé cette église, l'ont purifiée par des cérémonies religieuses, comme si c'eût été un temple schismatique. « Ainsi, ajoute Verne, la religion catholique a fait son entrée triomphale dans le temple même où l'impiété, sa plus cruelle ennemie, tenait ses autels et ses sectateurs. »

Le lendemain, l'arbre de la Liberté surmonté du bonnet rouge, placé à côté de l'hôtel de ville, a été coupé et abattu aux applaudissements et aux cris joyeux de cette même multitude qui avait crié d'allégresse lorsque cet emblème avait été élevé. On renverse également tous les autres. Les plus contents sont les Espagnols auxquels on les a donnés, qui les découpent en morceaux et s'en servent pour faire bouillir leurs marmites.

Un de ces arbres est employé à la confection

d'un gibet en haut duquel on accroche le maire de Toulon en personne, coupable d'avoir laissé la voie trop libre aux massacreurs jacobins.

Car, il est juste de le reconnaître, si les Jacobins ont copieusement massacré leurs adversaires, du temps qu'ils détenaient le pouvoir, les royalistes s'empressent de leur rendre la pareille. A peine sont-ils les maîtres que la guillotine commence à fonctionner. Un *tribunal populaire* (comme si ces deux mots ne juraient pas ensemble), qui n'offre aux accusés guère plus de garantie que les tribunaux révolutionnaires, condamne les meneurs des émeutes, les anciens pourvoyeurs de l'échafaud. Presque à chaque page du journal de Verne, reviennent des indications de ce genre : « L'un des scélérats qui ont plongé Toulon dans le deuil a été exécuté ce matin. »

Un peu plus tard, les Toulonnais, pris d'un honnête scrupule, décident de brûler solennellement, sur la place publique, la guillotine de si fâcheuse mémoire. Mais les exécutions ne s'arrêtent pas pour cela. On remplace la guillotine par la potence. Il faut que les Anglais se décident enfin à y mettre le holà. C'est moins l'humanité qui les pousse que la crainte des représailles dont le Comité de Salut public menace leurs compatriotes, demeurés en France.

Ce que Verne note avec le plus de soin, c'est l'évolution rapide et marquée, poussant la population toulonnaise vers le rétablissement de la monarchie. Un jour, au théâtre de la ville, on joue une pièce intitulée *Les déserteurs*. A l'un des chœurs, le cri de « Vive le Roi ! » part de tous les côtés. Bientôt les cocardes tricolores sont remplacées par les cocardes blanches. Les armes de France reparaissent sur tous les écussons.

Les fausses nouvelles, ce que, pendant la guerre, on appelait «les bobards», ne manquent pas, comme on pense. A chaque engagement, le bruit court que l'armée de Carteaux a subi des pertes épouvantables, que des centaines et des milliers de cadavres républicains sont restés sur le champ de bataille. A ce compte-là, l'armée révolutionnaire devrait fondre à vue d'œil, tandis que, malheureusement pour les Toulonnais, elle ne cesse pas d'augmenter.

Notre homme, cependant, note l'apparition des batteries républicaines qui se rapprochent sensiblement de la rade. Celle des Sans-Culottes, près de la chapelle de Brégaillon, endommage les vaisseaux des assiégés. Cette activité, ce renforcement de l'artillerie ennemie, le préoccupent, ce qui montre sa clairvoyance. Il observe notamment, avec beaucoup de soin, tout ce qui se passe sur les hauteurs du Caire, l'attaque des républicains, la contre-attaque des alliés, qui en demeurent pour un certain temps les maîtres.

Ainsi se déroulent les principaux épisodes du siège.

Une femme d'Ollioules qui venait vendre ses figues à Toulon est soupçonnée d'espionnage. On découvre, dans le fond de son panier, des proclamations républicaines destinées à la population. Sur quoi elle est traînée devant le tribunal populaire et pendue tout de suite haut et court.

Débarquement des soldats alliés, mouvement des troupes sur la ligne des forts, depuis les hauteurs du cap Brun jusqu'à la Seyne, proclamations de la municipalité enjoignant aux cafetiers et « billardiers » de dégarnir leurs salles pour loger des troupes. Le 22 novembre, toute la garnison prend le deuil en mémoire de l'infortunée Marie-Antoinette. Puis, c'est la fameuse sortie du 30 novembre où O'Hara est fait prisonnier, où les alliés éprouvent de lourdes pertes. Verne en est très fâcheusement impressionné. Il l'est beaucoup plus encore quand, le lendemain, arrivent dans la ville des émissaires de la Convention. Il se fait l'écho de tous les bruits qui courent touchant de prétendues tractations entre les républicains et les Anglais.

Dès lors, les événements se précipitent : la prise du fort du Caire, le conseil de guerre qui décide l'évacuation de Toulon. Bien que la nouvelle en ait été tenue secrète, elle filtre deci de-là, cependant.

« La tristesse; dit-il, est dans toute la ville ; l'épouvante s'empare des citoyens. On ne rencontre partout que des visages accablés. »

Bientôt, c'est la panique. Les rues sont pleines d'habitants effrayés. Les quais du port se couvrent de malles, de paquets, de matelas, de caisses, de couvertures. Tout le monde veut se sauver à la fois.

Verne, qui a une peur naturelle des coups,

a pris sagement les devants. Il est un des premiers à se réfugier à bord d'un vaisseau français. Il assiste à l'incendie de l'arsenal. Le navire, avec toute la flotte, lève l'ancre pour aller mouiller à Porquerolles, puis à l'île d'Elbe. C'est le commencement de l'exil.

XVI

CE QUE TOULON FAIT DE BONAPARTE

Arrivé capitaine trois mois avant, Bonaparte est nommé général de brigade, aussitôt après la prise de Toulon, bien qu'il n'ait guère plus de *vingt-quatre ans.*

Trois promotions en trois mois, voilà d'abord ce que lui vaut ce siège. Mais les promotions sont rapides à cette époque, et Toulon lui donne bien davantage : le sentiment de sa force, on peut presque dire de son génie. Tous ceux qui l'ont approché, civils et militaires, les représentants de la Convention, ses subordonnés et ses chefs, subissent plus ou moins son prestige.

Quand, quelque temps après, la Convention en péril, menacée par les Sections, cherche un général à poigne, capable d'improviser sa défense, ses anciens compagnons d'armes le désignent spontanément. Il commence à prendre en lui-même une confiance presque illimitée, à se laisser porter par les événements et par les hommes. C'est de ce moment, de ce lieu, que toute sa carrière découle.

Ses sentiments, ses pensées, ses actes pendant ces quelques semaines, durant cette période courte, mais extraordinairement pleine, exerceront sur le restant de sa vie une influence décisive.

Napoléon est avant tout l'homme de la Révolution. Il doit tout à la Révolution et, quelles que soient les hauteurs auxquelles il s'élèvera plus tard, devenu le maître tout-puissant d'un formidable Empire, exerçant un pouvoir infiniment plus grand que celui des anciens rois, les souverains dits « absolus », l'esprit de la Révolution continue à habiter en lui.

L'an 1789 marque, dans notre histoire, une cassure très nette. Il y a la France d'avant et la France d'après. Napoléon est, corps et âme, pour celle d'après. Il l'est parce que, dès le début, il a pris nettement son parti. Il se bat à Toulon contre des rebelles qui n'ont pas craint, ce qui est un crime, d'introduire l'étranger dans leurs luttes intérieures. Il les fait durement, violemment, rentrer dans l'ordre, affirmant la suprématie du pouvoir central, auquel les citoyens, quels qu'ils soient, doivent obéissance. Contre le fédéralisme des Girondins, Bonaparte est, de tout cœur, pour la centralisation rigoureuse des Jacobins. Ceux-ci, en dépit de leurs excès, peuvent seuls, par leur énergie, sauver à la fois la France envahie et la Révolution. Napoléon le dit dans ses Mémoires de Sainte-Hélène, et c'est d'ailleurs la vérité.

Cette attitude prise ainsi à cette époque commande et détermine son attitude à venir. Sa puissance aura beau grandir, jamais elle ne lui fera oublier ses attaches avec la France révolutionnaire. Le pli qu'il a contracté demeure ineffaçable. L'Ancien Régime, institutions et hommes, est mort, bien mort pour lui.

Quand, plus tard, au milieu de son ascension, les Bourbons s'avisent de lui faire des ouvertures, afin qu'il ramène en France le souverain héréditaire, il faut voir de quelle manière il les rabroue.

« Ce retour est impossible, répond-il sèchement ; il ne servirait qu'à faire couler des flots de sang ! »

Vit-on jamais, au demeurant, les fleuves remonter vers leur source?

Dans la sévérité impitoyable avec laquel il traite l'infortuné duc d'Enghien, peut-être y a-t-il, au fond de son âme, le secret désir de couper, une fois pour toutes, et d'une manière irrémédiable, les ponts entre l'ancienne France et lui.

Quand le désir lui vient de fonder une dynastie, il faut que ce soit une dynastie nouvelle, n'ayant rien de commun avec celle des anciens rois.

Berthier, bon militaire, mais piètre psychologue, s'avise un jour, à l'instigation perfide de Talleyrand, de demander ingénument au Premier Consul si, comme chacun l'assure, il songe vraiment à se faire roi.

A ce seul mot de « roi », Napoléon, très violent de nature, entre dans une folle colère. Il injurie Berthier, le menace, le traite d'imbécile et va jusqu'à lui allonger une bourrade.

Peut-on être assez stupide pour s'imaginer

que lui, fils de la Révolution, songe à relever un titre mort, à continuer une dynastie éteinte, alors que son ambition, son tempérament, l'obligent à créer quelque chose de tout nouveau?

L'Empire fait, Napoléon couronné à Notre-Dame, comme les anciens rois de France l'étaient à Reims, toutes les conquêtes essentielles de la Révolution n'en seront pas moins conservées. La France restera le pays qu'elle est devenue, au sortir de la crise violente qui l'a transformée. Biens nationaux permettant l'accès de la fortune à de nouvelles classes, divisions administratives, nivellement et centralisation, suppression définitive de toutes les particularités de l'Ancien Régime, aucune des pièces maîtresses de cette armature ne subira la moindre atteinte.

Le siège de Toulon a fixé une fois pour toutes son état d'esprit, ses idées, sa doctrine là-dessus.

Il lui révèle, d'autre part, en même temps que le don et le génie du commandement, le secret de *commander à des Français.* Jusqu'à cette époque, Bonaparte est Corse d'abord et avant tout, Français ensuite. Dès ce moment, la Corse disparaît pour lui ; la France seule reste.

Savoir ce qu'on veut et ce qu'on fait, le vouloir énergiquement, être capable de mettre au besoin la main à la pâte et d'en remontrer aux exécutants, voilà la première règle pour réussir parmi les soldats français. Ils acceptent volontiers pour chef l'homme qui connaît à fond son métier, dont les ordres précis, clairs, témoignent d'une supériorité professionnelle indiscutable. Non seulement ils l'acceptent, mais ils arrivent vite à s'attacher à lui et à l'aimer.

Le canon joue, dans la prise de Toulon, un rôle essentiel. Bonaparte est un extraordinaire artilleur. Qu'on le laisse faire ! Que les ignorants de l'État-Major ne viennent pas se mettre en travers de ses plans ! Les soldats le voient à l'œuvre ; ils ont confiance en lui et ils le suivent.

Il saisit, par ailleurs, du premier coup, grâce à une sorte de divination instinctive, géniale, les sentiments, les mobiles qu'il convient d'utiliser pour les pousser, d'une manière irrésistible, en avant. Il est pareil au cavalier qui, d'une traction des rênes, d'une pression des jambes, obtient de sa monture tout ce qu'elle peut donner, cheval et cavalier finissant par ne plus faire qu'un.

Les qualités morales du soldat français, l'amour-propre, la fierté, l'intelligence, Bonaparte les discerne dès le premier jour ; il les manie avec une extraordinaire maîtrise.

A-t-il construit, à deux pas du Petit Gibraltar, sous le feu plongeant des canons anglais, une batterie particulièrement exposée, où la plupart des canonniers sont tués sur leurs pièces ; il l'appellera la *Batterie des Hommes sans peur*. Dès lors, c'est à qui s'offrira pour servir à cette position dangereuse. Pour un homme qui tombe, dix volontaires se présentent.

Le soldat français est prêt à tout les efforts, à tous les sacrifices, dès qu'il a confiance en ses chefs, dès qu'il a le sentiment d'être commandé, surtout quand il comprend où on le mène. Bonaparte excelle à développer en lui ces dispositions. Du troupier qui combat sous ses ordres, il s'entend à merveille à faire un collaborateur, un compagnon, un ami, sans que la sévérité de la discipline en soit d'aucune manière relâchée.

C'est une discipline particulière, originale, ayant son caractère distinct. Au lieu de transformer le soldat en une machine, un automate, elle le traite comme un être humain, réfléchi, conscient, s'intéressant aux opérations. Le chef digne de ce nom ne répugne point à parler à ses troupes, à leur exposer ses desseins, à les mettre dans la confidence de ses projets, comme faisait Xénophon, lorsque, dans la mémorable retraite des Dix-Mille, il haranguait ses hoplites, des citoyens, des hommes libres comme lui.

De là, les *Proclamations aux soldats* dont Napoléon commence à faire usage, aussitôt qu'il en a le pouvoir, dès qu'il exerce le commandement en chef. C'est un genre nouveau qu'il inaugure, où, comme ailleurs, du premier coup, il se révèle un maître, nul n'ayant à un tel degré le secret de dire exactement aux troupes ce qu'il convient de leur dire, afin de tendre à l'extrême tous les ressorts qui les pousseront irrésistiblement en avant.

Cette littérature militaire, uniquement tournée vers l'action, enfiévrée, trépidante, claironnante, mêlée d'une certaine emphase, qui ne détonne point, tout au contraire, quand elle s'adresse à des hommes qui risquent le bien le plus précieux au monde, leur vie, Napoléon la pratique d'instinct. Cet homme d'épée devient instantanément, automatiquement, un homme de plume, toutes les fois que la plume peut seconder l'épée; nul, sauf Balzac ou Dumas père, n'ayant après tout autant écrit ou dicté que lui. Les cinquante in-quarto de sa Correspondance sont là pour en témoigner.

Qu'on ne croie pas, surtout, que seuls le calcul et l'ambition ont inspiré ces proclamations, ces harangues écrites, où le chef feindrait des sentiments dépourvus de sincérité.

Dans ce cas, le violent attrait, l'emprise prodigieuse exercée par Napoléon sur ses soldats, serait inexplicable. Il n'y a pas, dans l'histoire militaire de tous les siècles, de tous les pays, l'exemple d'un grand capitaine, aussi aimé, aussi *adoré* par ses troupes. Que l'on songe au retour de l'île d'Elbe, à tous ces soldats qui, après vingt ans de guerres rendus enfin à la paix, quittent allégrement, sans hésiter, leurs foyers, leur famille, pour suivre dans de nouvelles batailles l'homme à la redingote grise qu'ils croyaient perdu sans retour.

Tant d'êtres au cœur simple ne s'attachent pas sans de bonnes raisons. Ils aiment qui les aime. Le respect, l'amour du chef pour ses soldats, égalent celui des soldats pour leur chef. Tous les propos, tous les écrits de Bonaparte témoignent de ce respect, de cet amour. Dès qu'il parle de ses troupes, son style, dans la Correspondance, dans les Mémoires de Sainte-Hélène, prend un accent de dignité, de noblesse, qui n'a rien d'affecté. Raconte-t-il les excès commis après l'entrée des républicains à Toulon, il s'empresse d'ajouter que la troupe y demeura étrangère. Il le dit et il le pense. Quiconque a l'honneur de porter l'uniforme ne saurait, d'après lui, le salir, le déshonorer en prêtant la main à des massacres...

A Toulon commence l'association de ces deux forces formidables, le général et les soldats, qui, fondues, amalgamées l'une dans l'autre, vont, vingt années durant, déferler sur l'Europe entière, balayant devant elles tous les obstacles.

Jamais association ne fut plus parfaite, plus intime. Le chef a exactement toutes les qualités, tous les défauts qui conviennent à ses hommes, et l'on peut en dire autant de ces derniers. Ils semblent créés tout exprès l'un pour l'autre.

Sachant qu'il peut tout leur demander, quoi d'étonnant si Bonaparte prend invinciblement l'habitude de leur demander chaque jour davantage? Quoi d'étonnant s'il tire à tel point sur cette corde que celle-ci, quelle que soit sa solidité, finit un beau jour par se rompre?

Les soldats, ayant dans leur chef une confiance illimitée, considèrent que rien n'est impossible avec lui. Ils franchissent, sans hésiter, des obstacles qui paraîtraient à d'autres insurmontables. Autant de combats livrés, autant de victoires. Mais si leur foi n'a pas de limites, leur résistance en a ; car ils sont des hommes, après tout.

Le génie militaire est le résultat d'une combinaison harmonieuse, d'un équilibre parfait entre l'intelligence et le caractère, la faculté de comprendre et celle de vouloir.

Le siège de Toulon fait paraître, en Bonaparte, ces deux dons portés déjà à un degré surprenant.

L'intelligence, la force pénétrante de l'esprit qui, négligeant les accessoires, va droit à l'essentiel, qu'il s'agisse d'une discussion politique, comme dans le *Souper de Beaucaire*, ou d'un plan militaire qui, par delà les apparences, atteint la réalité, cette force se marque ici tout entière. Le cadre où elle s'exerce est encore restreint ; son intensité ne saurait guère être accrue.

Il existe dans tout champ de bataille une position dominante, que le véritable homme de guerre découvre très rapidement. Il la découvre par l'observation attentive, soutenue.

Pour la découverte de ce point, d'où résulte le plan de campagne, toutes les facultés de l'esprit entrent en jeu. Des facteurs moraux, psychologiques, viennent s'ajouter aux considérations purement militaires. Bonaparte comprend par exemple que, les Anglais étant ce qu'ils sont, une nation maritime qui tient à ses vaisseaux avant tout, dès que ceux-ci seront en danger, plutôt que de risquer leur perte, ils s'en iront.

***

Le plan, une fois conçu, un plan qui peut paraître audacieux, surprenant à des esprits superficiels, mais qui est en réalité le plus simple et le mieux raisonné, le siège de Toulon montre avec quelle activité, avec quelle énergie morale et matérielle, avec quelle fertilité de moyens Bonaparte s'efforce de le réaliser. Toute l'ingéniosité de l'esprit doit être employée à ce résultat. Il s'agit de ne rien négliger, de faire appel à toutes les ressources dont on dispose, afin de se présenter, le jour de la bataille, avec le maximum de chances.

Il faut des canons, des boulets, de la poudre. Il s'empresse, sans une minute de retard, d'en réunir la plus grande quantité possible. Une vigoureuse impulsion, une activité trépidante, mais toujours ordonnée, se font sentir, se communiquent à tous.

Sous un chef qui se dépense de la sorte, les subordonnés travaillent de leur mieux, et la somme de ces efforts ne tarde pas à produire d'étonnants résultats. Les batteries s'organisent. Tout se prépare en vue de l'action finale. Ce luxe de précautions réduit, autant qu'il est humainement possible, la part du risque et de l'imprévu.

Quand il travaille ainsi, de son mieux, à la réalisation du plan qui aboutit à la prise de Toulon, Bonaparte se trouve dans une position subalterne : capitaine, puis commandant d'artillerie. Il a bien des gens au-dessus de lui, ses chefs militaires, sans parler des représentants en mission, qui disposent du pouvoir suprême. La grande influence qu'il exerce n'est cependant pas discutable. Il s'est emparé de l'esprit des représentants. Dugommier, la victoire à peine remportée, fait de lui le plus magnifique éloge : on trouve ici déjà cette qualité maîtresse que Bonaparte manifeste dès ses débuts : *le don du commandement*.

La guerre tendant jusqu'aux limites extrêmes les énergies humaines, l'influence toute-puissante, l'emprise de l'homme sur l'homme s'y marque plus que partout ailleurs. Cette influence n'a quelquefois rien à voir avec le grade ni la charge. Elle ne dépend pas du nombre plus ou moins grand de galons ou d'étoiles. Elle dérive d'une supériorité de l'intelligence et du caractère qui se font immédiatement sentir à tous.

Ce sens du commandement s'allie chez Bonaparte au don de susciter autour de lui, de faire lever comme une moisson abondante, les sacrifices et les dévouements. Les deux qualités vont presque toujours de pair. Le vrai chef trouve immédiatement dans son entourage les lieutenants qu'il distingue, qui lui sont dévoués corps et âme et le suivront toute sa vie durant.

Marmont, lieutenant d'artillerie, envoyé à Toulon vers la fin du siège, refuse, la place prise, de quitter son chef. Promu capitaine, affecté à l'armée d'Espagne, il décline cette affectation, demande et obtient de rester avec Bonaparte, en quoi il montre beaucoup de flair, cette décision heureuse devant lui valoir le bâton de maréchal.

Le sergent Junot est de garde à la batterie des Sans-Culottes, quand Bonaparte demande, pour écrire un ordre, quelqu'un doué d'une « belle main ». Tandis qu'il écrit, un boulet, tombant à deux mètres, couvre de terre l'homme et son papier. « Bon, je n'aurai pas besoin de sable », s'écrie le brave sergent. Encore un enrôlé dans la cohorte. Il sera général en chef, ambassadeur, gouverneur des provinces illyriennes.

Muiron, fils d'un fermier général, est distingué par Bonaparte, qui le prend comme aide de camp.

Au pont d'Arcole, dans la furieuse mêlée qui s'engage, Muiron, ce sont les propres mots de Napoléon, « se jette devant moi, me couvre de son corps et reçoit le coup qui m'était destiné. Il tombe mort à mes pieds et son sang me jaillit au visage ! »

Napoléon s'en souviendra toute sa vie. Il donne le nom de *Muiron* à la frégate qui le ramène d'Égypte. Il lègue, dans son testament, cent mille francs à ses descendants.

Combien d'autres pourrait-on citer? Suchet, Saint-Hilaire, Leclerc, qui devait épouser Pauline, une des sœurs de l'Empereur, Marescot, le commandant du génie, Victor, devenu maréchal et duc, etc.

XVII

LE MIRACLE
UN HOMME DE VINGT-QUATRE ANS

Force prodigieuse de l'esprit et du caractère, intelligence pénétrante, sûreté du jugement, qu'il s'agisse des affaires politiques, même les plus embrouillées, ou des affaires militaires, don du commandement, se faisant sentir, non seulement à ses égaux ou ses subordonnés, chose relativement facile, mais encore à ses supérieurs ; le plus extraordinaire de tout est que l'homme en qui se manifestent, dans tout leur éclat, ces qualités multiples et diverses est un tout jeune homme : *il vient d'avoir vingt-quatre ans.*

Pareille maturité d'esprit et de caractère nous étonne, nous confond. Que chacun de nous, faisant un retour sur lui-même, songe à ce qu'il était encore à cet âge.

Comment expliquer ce miracle ?

Il tient à deux causes : les facultés exceptionnelles de l'homme et les circonstances, exceptionnelles aussi, parmi lesquelles il a vécu. Ces deux facteurs se complètent ; l'un n'aurait rien pu sans l'autre.

Ces dons innés de l'intelligence et du caractère, germes mystérieux du génie, quand, à dix-sept ans, il quitte l'école de Brienne, pour commencer son existence de garnison, Bonaparte les développe par de longues lectures, par la réflexion, la méditation. Ces lectures, dont ses manuscrits, ses brouillons permettent de suivre le fil (il lisait beaucoup la plume à la main), s'étendent aux sujets les plus divers : littérature, romans, récits de voyage, ouvrages de morale, de politique, de philosophie, d'histoire.

Celle-ci tient la plus grande place. Bonaparte dévore à peu près tous les livres d'histoire qui lui tombent sous la main. Les ouvrages militaires proprement dits, consacrés à la stratégie, à la tactique, sont loin d'épuiser cette soif de connaissances. C'est ce que la guerre, telle qu'il commence à la concevoir, n'est point un art, une science hermétique, intéressant certaines parties seulement de l'esprit humain. Elle est au contraire quelque chose de *général*, d'*universel*. Elle affecte l'esprit tout entier, met en œuvre toutes ses facultés, observation, imagination, raisonnement. Sans doute comporte-t-elle une technique, que le chef doit posséder à fond, qui est comme le solfège pour le musicien et le compositeur, la grammaire et la syntaxe pour l'écrivain. Ce n'est là qu'une partie, nullement la plus importante ; elle est nécessaire, non point suffisante.

Cette faculté toute-puissante d'attention, de concentration, qui se manifeste en lui avec une intensité dont il n'existe guère d'autres exemples, l'étude est venue la développer, l'enrichir.

L'observation, le spectacle du monde, surtout à l'heure décisive où l'adolescent devient homme, l'ont enrichie bien davantage. A côté de ce que Bonaparte doit à lui-même, à sa nature, à ses études, s'ajoute tout ce qu'il doit à son temps.

De 1789 à 1793, depuis le début de la révolution jusqu'à la mort du roi, aux tempêtes de la Convention, quelle extraordinaire suite d'événements, quelle mine d'observations pour quelqu'un qui veut et sait observer ! On peut dire de ces quatre années qu'elles comptent double et même triple ! Elles mûrissent son caractère et son talent; elles lui révèlent les secrets de la politique et de l'âme humaine, les différents ressorts qui la font mouvoir, intérêt, ambition, jalousie, le courage et la peur. Une abondante collection de types humains défilent sous ses yeux, chacun jouant son rôle dans cette pièce interminable et ininterrompue.

Le voici, pendant la journée du 10 août ! De la terrasse des Feuillants, il suit les progrès de l'émeute, l'audace croissante des insurgés, ne trouvant en face d'eux que des adversaires démoralisés et bientôt désarmés, la piteuse, la lamentable attitude du roi, le massacre des Suisses. Cette première vision des cadavres et du sang versé, dont il se souviendra toute sa vie, tout cela se grave profondément en lui, dépose des germes qui n'auront qu'à se développer par la suite.

A contempler la veulerie du roi se laissant débonnairement coiffer du bonnet rouge, il se serait, paraît-il, écrié dans son langage corse : « *Ché coglione !* »

Ce n'est certes pas la seule leçon qu'il tire de ce spectacle !

Si la garde du roi, si les Suisses, courageux et disciplinés, avaient été commandés par un homme de décision, les insurgés, quelle que fût leur audace, n'auraient pas forcé les grilles du palais. Une foule d'émeutiers, armés de piques, fût-elle dix fois plus nombreuse, ne peut rien contre une poignée de soldats, tenus en main, animés par leur chef, disposant de fusils ou de canons, dont une simple décharge, couchant à terre la première ligne des assaillants, met en débandade tous les autres.

Ces réflexions ne seront pas perdues. Elles provoqueront, le moment venu, les décisions nécessaires. Quand, au 13 vendémiaire, les conventionnels, aux abois, le chargent d'organiser la résistance contre les sections, Bonaparte ne perd pas un instant confiance, bien qu'il constate l'extrême faiblesse des moyens dont il dispose. « Des canons, des canons », s'écrie-t-il.

Les canons en sa possession, il est tranquille. Il les place aux endroits bien choisis. Quand, le lendemain, les sections mènent l'attaque, quelques salves bien dirigées ont vite fait d'arrêter leur ardeur.

La force organisée du pouvoir central est toute-puissante contre les insurgés. Bonaparte en est convaincu. C'est la conclusion qu'il dégage de ces journées révolutionnaires. Si l'on veut saisir le pouvoir, et le garder, c'est au centre, uniquement, qu'il faut viser. Les Girondins, dès qu'ils quittent la Convention et la capitale, perdent du coup la partie. Leurs efforts sont inutiles. Étant inutiles, ils sont dangereux, parce qu'en affaiblissant le pouvoir de l'État, ils risquent d'affaiblir le pays contre ses ennemis du dehors.

Aussi est-il d'instinct avec les Montagnards contre les Girondins. C'est une question de logique, de force, et Bonaparte est toujours du côté de la logique et de la force, seules permettant à un homme de sa valeur de réaliser les desseins qui bouillonnent en lui.

Dans ce désordre, cette confusion apparente, la Révolution, à mesure qu'elle se déroule, est en train de constituer un pouvoir central, mieux armé, plus libéré de toute entrave que le pouvoir *soi-disant absolu des anciens Rois.* Bonaparte, avec son sens inné de la politique, se rend compte tout de suite de cette évolution. Il fera ce qui dépend de lui pour la seconder. Il s'emploiera au service de cette force grandissante, qui, pour vaincre ses adversaires, au dedans et au dehors, aura, un jour ou l'autre, besoin d'hommes comme lui.

Voilà quelques-uns des renseignements qu'il tire de ces journées révolutionnaires. Comment l'homme en qui ce travail d'observation, de réflexion s'accomplit, dans une atmosphère trépidante, au milieu d'une gigantesque bataille, parmi les coups de théâtre et les péripéties, comment cet homme ne serait-il pas mûri prématurément ? Songez à ce qu'a été, depuis le début de la Révolution, son existence, en partie double, partagée, tiraillée, entre la Corse et la France : un trône qui s'écroule, emportant tout un système social et politique, qui avait pris des siècles pour se former. Ce régime, cet ordre de choses, hier en apparence très solide, est maintenant par terre. Qu'y a-t-il pour mettre à la place? Rien, sinon des forces déchaînées qui se croisent, se heurtent, sans qu'on puisse voir dans quel sens et vers quel but elles s'acheminent.

Dans ce gigantesque bouillonnement, Bonaparte essaie tant bien que mal de se diriger. Les premiers temps, il pense à la Corse, principal objet, tout d'abord, de ses espoirs, de ses efforts. Chassé de son île, obligé de s'enfuir, devenu un proscrit, il ne voit plus que la France, vers qui les circonstances l'ont rejeté.

Que d'événements, de péripéties dans ces quatre années, au cours desquelles chacun se sent emporté dans un déroulement rapide, vertigineux, laissant à peine le temps de se ressaisir ! Bonaparte, et ceci est capital, n'a pas seulement à songer à lui-même. Sa famille entière, mère, frères, sœurs, depuis la mort de son père disparu prématurément, le reconnaissent tous, bien que Joseph soit son aîné d'un an, comme le chef. Le sentiment de la famille, les devoirs, les responsabilités qui lui incombent, ont, pour ce Corse, une force toute-puissante. Rien ne mûrit un homme comme d'avoir, de bonne heure, à s'occuper activement de tous les siens.

Le grand philosophe Bergson a, dans ses analyses lumineuses, établi que le *temps véritable*, vécu par la conscience, n'a aucun rapport avec la *durée apparente*, telle qu'elle est mesurée par les aiguilles d'une montre ou les journées du calendrier.

Ce qui constitue cette durée véritable, intérieure, c'est la rapidité plus ou moins grande, l'intensité plus ou moins vive des états d'âme qui se succèdent en nous. Aussi dit-on justement qu'il y a des minutes aussi longues que des siècles.

Cette conception, dont chacun peut, par un effort d'observation extérieure, vérifier l'exactitude, s'applique à Bonaparte. Elle explique ce miracle, en apparence inexplicable, d'un homme révélant dès sa première jeunesse toutes les qualités, tous les dons qui sont l'apanage des hommes mûrs.

XVIII

LA FORTUNE ET LE HÉROS

Après Toulon, Bonaparte, inconnu jusque-là, est connu, non seulement des militaires qui l'ont vu à l'œuvre, mais aussi, ce qui est plus important, des conventionnels.

On le sait homme de décision prompte, capable d'exécuter avec énergie et intelligence, de réussir ce qu'il entreprend. Qu'une occasion se présente où le besoin se fera sentir d'un chef de cette trempe, et l'on songera naturellement à lui.

Une résolution rapide, une intuition infaillible, lui révélant du premier coup, dans une situation embrouillée, le point essentiel sur lequel il faut agir ; son plan établi, une extraordinaire fertilité d'invention, une technicité étonnante qui lui font trouver et mettre en œuvre tous les moyens propres à réaliser ses projets ; une activité prodigieuse dans l'exécution ; le don de se faire obéir, écouter de tous ceux qui sont au-dessous de lui et même de ceux qui sont au-dessus ; le secret d'obtenir du soldat français le maximum de ce qu'il peut donner.

Ces dons, ces qualités, par lesquels s'explique plus tard son extraordinaire carrière, se sont déjà affirmés ici.

Sans doute, le succès de cette carrière ne dépend pas de lui seul, mais des circonstances. On peut prévoir cependant que, les circonstances étant ce qu'elles sont, des plus troubles, faisant surgir à tout instant mille occasions, une d'elles se présentera à lui, presque infailliblement, tôt ou tard ; dans ce cas, il ne sera pas long à la saisir, à l'utiliser, pour en faire jaillir tous les avantages, tous les profits qu'elle comporte.

Ces occasions se présentent en effet.

Toute carrière, même la plus heureuse, enregistre, comme les variations d'un baromètre, des hauts et des bas. Après l'éclatant succès de Toulon, vient une série de revers. Bonaparte, au lendemain du 9 thermidor, est englobé dans la défaveur qui atteint les amis, les protégés de Robespierre. Il est emprisonné, pour un temps très court, à Antibes. Il réussit, sans trop de peine, à se disculper.

Sans emploi à Paris, il refuse une affectation dans l'infanterie, ce qui lui vaut d'être momentanément rayé des cadres. Il songe un moment à aller tenter sa chance chez les Turcs, car l'Orient l'a, de tous temps, attiré, fasciné.

Aussitôt après cette mauvaise passe, le 13 vendémiaire le pousse en avant, le met au premier plan, d'où il ne se laissera plus déloger désormais.

Non seulement les événements le servent, parce qu'il sait à merveille se servir d'eux, mais la fortune semble pendant longtemps le combler. Il a le bonheur de n'être ni tué, ni blessé, ni même égratigné, dans les batailles, alors que, dans la période des débuts, à Toulon, pendant la campagne d'Italie, en Égypte, il expose sa vie comme un simple soldat. Dans la furieuse mêlée du pont d'Arcole, ceux qui l'entourent, ses aides de camp, trouvent la mort à ses côtés. Il reste indemne, comme si les balles se plaisaient à l'épargner.

S'embarque-t-il audacieusement pour l'Égypte, sur une Méditerranée que Nelson tient sous sa domination, sa flotte passe, comme en se jouant, au travers de la croisière ennemie.

Nelson le manque de quelques instants à peine, à l'entrée du port de Malte. Une légère variation, un simple « décalage » de deux ou trois heures, dû, semble-t-il, à une erreur des cartes marines, le fait partir de Malte, toutes voiles dehors, juste un peu avant que la flotte française, avec Bonaparte et tout le corps expéditionnaire, y arrive. Si ce n'est pas là, pour Bonaparte, une chance inouïe, de quel nom faut-il l'appeler? Un retard de l'amiral britannique, et ce dernier coulait l'escadre française, car l'issue du combat ne pouvait être douteuse (ce qui se passa peu après, à Aboukir, le prouve assez), capturait Bonaparte, étouffant dans le germe sa carrière.

Le retour d'Égypte sur une simple frégate est tout aussi prodigieux.

A observer en détail, toutefois, chacune de ses entreprises, où les risques d'un échec sont en apparence plus nombreux que les chances de succès, on constate que, dans la préparation, dans l'exécution, il met constamment de son côté ces dernières, sans en négliger une seule, même la plus minime. Il joue sans aucun doute, — un moment vient où il faut risquer, et tous les grands conquérants sont des joueurs, — mais en se servant à merveille de toutes les cartes qu'il tient en mains.

Rien ne le démontre aussi clairement que son retour de l'île d'Elbe : choix judicieux du moment, ni trop tôt, ni trop tard, alors que les Bourbons se sont déjà rendus impopulaires, sans que, dans un pays où l'on oublie très vite, il ait eu le temps d'être oublié ; choix du lieu de débarquement, de la route à suivre, des troupes qu'il amène avec lui, surtout l'effarante rapidité de sa marche. A peine débarqué au Golfe Juan, il se met en route, sans s'occuper du fortin d'Antibes, qu'un de ses lieutenants, après l'avoir manqué, voudrait prendre la peine d'enlever de vive force. Comme si le fort d'Antibes avait la moindre importance !

L'important, c'est Paris, vers qui il se dirige à toute allure, plein de cette confiance sans laquelle on ne réussit rien. Au prince de Monaco, qu'il rencontre sur son chemin, et qui lui dit : « Je rentre chez moi », il fait cette réponse magnifique : « Moi aussi ».

Ce retour, un des événements les plus prodigieux de tous les temps, montre à merveille, comme un verre grossissant, la collaboration intime, on pourrait dire presque la complicité, de Napoléon avec la Fortune. Pendant vingt ans et plus, ils travaillent ensemble de compte à demi. Il aide la chance, qui l'aide à son tour, sans qu'on puisse décider lequel des deux aide l'autre davantage, chacun mettant dans cette œuvre commune tout ce qu'il peut donner. C'est comme un merveilleux attelage, où les deux chevaux tirent ensemble, d'un même effort, si bien qu'il est impossible de discerner la part qui revient à l'un et à l'autre.

Il suffit, pour s'en convaincre, d'observer de près les circonstances de ce débarquement, et rien n'est plus passionnant.

Napoléon, pendant les premières semaines de 1815, songe à quitter l'île d'Elbe, à retourner en France, pour diverses raisons matérielles et morales, psychologiques et politiques.

Le gouvernement de Louis XVIII est assez stupide pour ne pas lui payer l'annuité de deux millions qui lui a été promise expressément.

Au lieu de laisser Marie-Louise rejoindre librement son mari, comme elle le désirait les premiers temps, ce qui aurait *peut-être* amené Napoléon à se tenir tranquille, le gouvernement de Vienne a la bassesse, on peut dire l'infamie, de charger un séducteur patenté, le beau hussard borgne Neipperg, de conquérir les grâces de l'impératrice, d'entrer le plus vite possible dans son lit.

On inquiète, on alarme Napoléon par des bruits, des menaces d'assassinat, de déportation dans une île lointaine, qu'il redoute beaucoup plus que l'assassinat. Toutes ces raisons, la proximité des côtes italiennes et françaises, d'où lui viennent quantité de nouvelles, le tiennent en éveil, en émoi. C'est un plateau chargé d'effluves électriques, où le moindre choc provoquera l'explosion.

Un événement imprévu fait brusquement jaillir cette étincelle : la visite secrète d'un émissaire, plus qualifié que tous les autres, Fleury de Chaboulon, ancien sous-préfet de Reims, « l'intrépide sous-préfet », comme l'appelle le maréchal Ney, qui se connaît en intrépidité. Fleury de Chaboulon renseigne avec beaucoup d'exactitude l'empereur sur l'état des esprits en France. Il n'en faut pas davantage pour lever ses dernières hésitations, pour le pousser à l'acte.

Comme toujours, la décision est prise d'une façon foudroyante... en vingt-quatre heures. En quarante-huit heures, elle est exécutée, sans que cette rapidité fasse négliger aucune précaution, si minime soit-elle.

Il s'agit d'aller vite, de mettre la France et l'Europe en présence du fait accompli, de frapper les esprits par un brusque coup de tonnerre. Tout le reste est secondaire.

Les bateaux dont il dispose ne suffisant pas à transporter ses soldats, le hasard veut qu'il se trouve dans le port une polacre d'Agde, *le Saint-Esprit*, immobilisée par la bonace. Napoléon donne l'ordre de la réquisitionner. Un de ses officiers polonais monte à bord avec vingt hommes et jette toutes les marchandises à la mer. Arrive derrière lui Peyrusse, le trésorier, chargé de rembourser au capitaine, contre argent comptant, la valeur de la cargaison. Le trésorier, en bon fonctionnaire, discute les prix, marchande, se fait montrer chacune des factures, ce qui prend du temps. Agacé par ce retard, qui risque de tout compromettre, Napoléon monte lui-même à bord. D'un revers de main, il éparpille et jette à l'eau toutes ces paperasses. « Peyrousse, dit-il (car il prononce son nom à l'italienne), payez à cet homme ce qu'il demande. » Et le trésorier d'aligner aussitôt vingt-cinq rouleaux de pièces d'or.

Le débarquement de sa petite colonne au Golfe Juan s'étant terminé vers quatre heures de l'après-midi, le soir même, sans une minute de retard, par un magnifique clair de lune, il prend le chemin de Grasse, où il arrive pendant la nuit. Le lendemain, dès l'aube, par un affreux sentier de montagne où les mulets seuls peuvent passer, il fournit une étape, non pas de vingt lieues, comme il l'a dit dans le Mémorial, mais de cinquante kilomètres, et c'est déjà prodigieux.

Il est obligé d'abandonner ses quatre canons, ce qui n'a pas grande importance, car ce n'est pas avec quatre canons, mais par son seul prestige, qu'il s'apprête à reconquérir la France. Il va coucher à Séranon, à près de 1 400 mètres d'altitude.

Le jour suivant, cinquante kilomètres encore, il dépasse Castellane et couche à Barrême. La journée d'après, au delà de Digne, Cambronne, qui, d'une allure endiablée, mène sa petite avant-garde, saisit le pont de Sisteron, position capitale que les royalistes auraient pu faire sauter, ce qui retardait considérablement son avance.

Masséna, qui commande à Marseille, à peine prévenu du débarquement, dépêche un régiment tout entier pour arrêter Napoléon à Sisteron. Mais, connaissant par expérience la rapidité foudroyante de sa marche, il ne se fait pas grande illusion sur la possibilité de le rattraper. Le régiment, en effet arrive, à Sisteron quarante-huit heures après que l'Empereur en est parti.

Tout cela, qui est cependant extraordinaire, n'est rien. Jusqu'à présent, Napoléon n'a eu affaire qu'à des villageois désarmés. Il lui reste à réaliser le plus difficile. Son aventureuse entreprise dépend du premier contact avec les troupes régulières.

C'est à Laffray, deux lieues avant Grenoble, que le contact se produit.

Il n'est pas, dans toute notre histoire, de scène plus dramatique, plus pathétique. On comprend que Stendhal, qui recherchait l'émotion dans les paysages, se soit complu à l'évoquer.

Au sortir d'un étroit défilé, tout un bataillon, envoyé de Grenoble, barre la route, les soldats, les armes chargées, prêts à faire feu. Les lanciers polonais qui forment l'avant-garde de l'Empereur, poussant le poitrail de leurs chevaux jusqu'à hauteur des baïonnettes, font demi-tour, ayant l'ordre exprès de ne pas charger. En vain quelques civils qui suivent Napoléon, un de ses officiers, essaient-ils d'ébranler, d'entraîner la troupe. Celle-ci demeure inébranlable.

Voici la minute décisive. Voici l'obstacle qui ne peut être franchi que par lui. Les cartes vont tomber. Il faut tenir ce coup formidable. Napoléon le tient avec un sang-froid, une bravoure, une maîtrise sublime. Écartant ses officiers, malgré les objurgations de l'un d'eux, Mallet, qui craint quelque terrible malheur, il donne l'ordre à la vieille garde de mettre l'arme sous le bras. Seul, précédant de dix mètres ses grenadiers, il s'avance vers les soldats qui ont devant eux cet émouvant spectacle : l'homme à la redingote grise, le héros légendaire dont tout le monde parle et auquel chacun pense, dont les gravures ont popularisé l'image, vient tranquillement, posément, à leur rencontre, seul, désarmé, en avant de ses grenadiers qui l'ont suivi sur tous les champs de bataille de l'Europe, avec leur longue capote bleue tombant presque jusqu'à terre, leur gigantesque bonnet à poil. Ils marchent comme à la parade, le fusil baissé, pour bien marquer qu'en aucun cas ils ne s'en serviront contre des Français.

Arrivé à portée de pistolet, Napoléon crie d'une voix calme :

— Soldats du 6e, je suis votre empereur. Reconnaissez-moi.

Puis, avançant encore et entr'ouvrant sa redingote :

— S'il est parmi vous un soldat qui veuille tuer son empereur, me voilà !

C'en est trop pour les nerfs de ces hommes tendus jusqu'à éclater. Vainement un jeune officier d'État-Major, envoyé tout exprès de Grenoble, leur commande de faire feu. Ce commandement n'est pas obéi. Il ne pouvait pas l'être. Le cri de : « Vive l'empereur ! » sort de toutes les poitrines. Les soldats, jetant leurs armes, rompant les rangs, entourent, acclament, adorent le chef qu'ils ont retrouvé...

Où donc est dans tout cela la part de Napoléon et celle de la Fortune? Qui se chargera d'établir la démarcation?

***

Au retour de la campagne de Russie, alors que les revers commencent à lui ouvrir les yeux, enfermé pendant des jours et des jours, en plein hiver, dans un étroit traîneau avec Caulaincourt, ce qui favorise l'intimité des confidences, lui parlant comme s'il se parlait à lui-même, Napoléon fait un retour sur son existence passée, rappelle la chance inespérée qui lui permit de s'emparer de Malte, à son départ pour l'Égypte.

« Cette circonstance, dit-il, me fit croire à

ce qu'on appelle depuis mon étoile. *La Providence me sembla dès lors de moitié dans mes desseins*... Cette idée ne me quittait pas et me donnait une confiance, même une espèce de superstition que je ne pouvais définir ; car, sans être un athée, je n'étais pas religieux. »

Tout commentaire affaiblirait l'extraordinaire portée de cet aveu.

Dans cette association singulière, unique, dans cette union intime de Bonaparte et de la chance, chacun des associés, on pourrait presque dire des compères, donne, en toute circonstance, son maximum d'effort, travaille à son plein rendement. Les extraordinaires résultats obtenus s'expliquent par là. C'est un moteur qui marche à merveille, mais qui tourne avec une extrême rapidité. Il suffit du moindre accident pour le détraquer. Que l'un des deux vienne à faiblir tant soit peu, le résultat change aussitôt. Au lieu du succès, c'est le revers ; au lieu de la victoire, la défaite !

Bonaparte s'accoutume de plus en plus à trop compter sur lui-même et sur son étoile. Il est pareil à un joueur qui, gagnant beaucoup plus qu'il ne perd, augmente démesurément sa mise et finit un jour ou l'autre par sauter.

D'un homme obstinément servi par la chance, les Arabes disent qu'il a la *baraka*, la bénédiction de Dieu. Bonaparte possède indiscutablement cette dernière. Mais il fait, nous l'avons vu, tout ce qu'il faut pour la mériter.

A mesure, cependant, que son rôle grandit, que ses entreprises s'accroissent, leur succès ne dépend plus de lui seul ou de la Fortune, mais aussi d'un certain nombre d'autres facteurs. Impuissant à tout accomplir par lui-même, en dépit de son effarante activité, il est bien obligé de déléguer une partie de son pouvoir à tel ou tel de ses lieutenants. Or, ceux-ci sont, neuf fois sur dix, des hommes ne dépassant guère la moyenne, n'ayant qu'une faible part des qualités exceptionnelles de leur chef. La *baraka* ne s'étend pas à eux et ils n'ont rien de ce qui est nécessaire pour la fixer.

Comme je parlais un jour de Napoléon avec le maréchal Foch, ce qui m'est arrivé bien des fois, le grand soldat fit cette observation saisissante :

— Avez-vous remarqué, dit-il, à quel point ce maître incomparable s'est montré incapable de former des élèves dignes de lui? Dans la brillante cohorte de tous ses maréchaux, aucun n'a les qualités d'un grand chef. Est-ce qu'il n'a pas voulu les former? Est-ce plutôt qu'il ne l'a pas pu?

En réalité, le secret de Napoléon, ses merveilleuses recettes, qui comportent un mélange merveilleusement dosé d'intelligence, d'énergie, et de chance, exigent des qualités telles, un tel tour de main, qu'elles ne peuvent être transmises à aucun autre. Les plus grands succès de Napoléon, militaires et politiques, sont ceux où il commande tout de lui-même, employant le moins possible d'intermédiaires. Dès que ces intermédiaires apparaissent, dès qu'il n'est plus là de sa personne, les choses vont tout de suite beaucoup moins bien. Exemples, la guerre d'Espagne, la campagne de France en 1814, lorsqu'il conçoit ce plan très audacieux de coincer les Alliés entre sa petite armée et Paris. Il fallait, pour que le plan réussît, que Paris tînt bon. Or, Paris, privé de Napoléon, ne tint pas.

Comme un grand chef, quels que soient son activité, son génie, ne peut pourtant pas se passer de lieutenants, la moindre défaillance de l'un d'entre eux a pour conséquence de tout compromettre : c'est Grouchy à Waterloo.

XIX

BONAPARTE ET LA RÉVOLUTION

La reprise de Toulon est un épisode très violent, très dramatique, de la lutte à outrance conduite par la Convention, avec une énergie surhumaine, à la fois contre les ennemis du dehors et contre ceux du dedans.

Pour s'en faire une idée juste, il faut se garder de l'envisager en elle-même, indépendamment des circonstances au milieu desquelles elle se déroula. Elle n'est qu'une partie dans un ensemble, et l'ensemble seul fait comprendre la partie.

La Convention l'emporte sur ses adversaires parce qu'elle a pour elle l'unité, la cohésion, surtout la volonté. Cette volonté est formidable.

Elle s'exerce avec une force extraordinaire, de la capitale vers la province, du centre vers la périphérie. Elle se manifeste sur place par l'action incessante des conventionnels en mission, représentants du pouvoir central.

D'un côté, le gouvernement révolutionnaire concentré en un petit nombre de mains, ramassé sur lui-même, sachant ce qu'il veut et poursuivant obstinément sa tâche ; de l'autre, des forces éparses, n'ayant entre elles aucun lien, aucune cohésion, composées d'éléments différents, sinon opposés.

Dès le milieu d'octobre 1793, le sort de Bordeaux, celui de Lyon sont réglés. Celui de Marseille l'a été tout de suite, et sans aucune difficulté. Il reste la Vendée, où les conditions locales, la situation géographique, l'indomptable courage des habitants, l'insuffisance, au début, des troupes et des chefs républicains, permettent à l'insurrection de vivre, et même, en apparence, de se développer. Ses succès arrachent au gouvernement révolutionnaire un sursaut d'énergie. Barère pousse son terrible cri de guerre : « La Vendée ! Encore la Vendée ! Voilà le chancre politique qui dévore le cœur de la République ! Il exige, il ordonne aux généraux républicains de tout écraser, avant le début de l'hiver.

La capitulation de Mayence, qui libère d'excellentes troupes, permet à ces généraux de frapper les plus rudes coups. La Vendée ne fera plus que se débattre. Elle est vaincue désormais.

Voici que la reprise de Toulon vient compléter la série de ces victoires.

Bonaparte, à une heure décisive de sa jeunesse, est conduit, porté par le courant révolutionnaire, en attendant le jour prochain où, l'ayant détourné à son profit, il le dirigera à son tour.

De là le grand intérêt que présente le siège de Toulon dans le déroulement de sa carrière, dans le développement de sa personnalité. Investi de son premier commandement, il en tire le maximum de ce qu'on peut humainement en tirer.

Cet épisode de guerre civile en même temps que de guerre étrangère, où l'élément politique a sa place à côté de l'élément militaire, dépose en lui des germes qui ne périront pas.

***

Toulon marque son premier commandement et son premier succès. Son chef direct, le général Du Teil, commandant l'artillerie, écrivait au ministre de la Guerre le lendemain de la victoire : « Je manque d'expressions pour te peindre les mérites de Bonaparte. Beaucoup de science, autant d'intelligence et trop de bravoure. Voilà une faible esquisse des vertus de ce rare officier. C'est à toi, citoyen ministre, de les consacrer à la gloire de la République. »

Les qualités déployées par lui pendant le siège sont celles qui font le grand homme de guerre ; et ce général de vingt-quatre ans les possède déjà portées à un très haut point. A ses connaissances techniques d'artilleur, qui sait à fond les secrets de son métier, s'ajoutent un ensemble de connaissances plus élevées, plus rares et plus précieuses : la vision concrète et instantanée du champ de bataille, le choix judicieux de la position essentielle, la rapidité foudroyante de la conception et de l'exécution, une sorte de divination instinctive des intentions de l'adversaire.

Bonaparte a étudié et appris tout ce qui se rapporte à son arme, mais encore ce qui touche aux conditions générales de la guerre. La tactique et la stratégie lui sont aussi familières que l'artillerie.

Dans son beau livre, *L'éducation militaire de Napoléon*, Colin retrouve quelques-unes des sources d'où dérive, en partie, mais en partie seulement, son génie. Les maîtres de la stratégie française du XVIIIe siècle avaient mis leur élève sur une voie où il devait rapidement, et de combien ! les dépasser.

Son esprit vigoureux, fondant, coordonnant leurs leçons, en fait sortir toutes leurs conséquences. Il y a dans cet enchaînement logique, dans la rigueur de ces déductions, quelque chose d'essentiellement français, de cartésien, qui l'amène, dès ses premiers essais, — Toulon est le tout premier, — à une doctrine complète de la guerre, marque propre du génie napoléonien.

Le trait capital de cette doctrine, c'est la concentration. Concentration de toutes les forces de l'esprit, intelligence et volonté, pour découvrir rapidement, presque instantanément, le nœud du problème, la position dominante sur le champ de bataille ; concentration de tous les moyens dont on dispose, effectifs et canons, afin de porter à l'adversaire, sur ce point bien choisi, un coup décisif d'où sort, neuf fois sur dix, la victoire.

A quoi se réduit, en dernière analyse, cette stratégie ? A réaliser le plus possible d'économies, en effectifs, en artillerie, sur le restant du front, de manière à disposer d'une masse formidable pour l'attaque essentielle. Un épais rideau tiré devant l'ennemi pour lui laisser ignorer, jusqu'à la dernière minute, où sera porté ce coup, puis, au jour et à l'heure dite, le coup frappé d'une manière vigoureuse, massive, étourdissante.

Napoléon dira plus tard : « Il y a beaucoup de généraux en Europe, mais ils voient trop de choses. Moi, je cherche à détruire les masses, sûr que les accessoires tomberont d'eux-mêmes. »

Les éléments essentiels de cette stratégie se trouvent déjà, en raccourci, dans le siège de Toulon.

La position dominante étant indiscutablement la hauteur du Caire, c'est vers elle que les efforts doivent converger. C'est à cette attaque qu'on emploiera la plus grande masse d'effectifs et de canons. L'attaque décidée, préparée soigneusement, minutieusement, elle sera poussée à fond, sans ménagement ni répit, avec la volonté implacable d'enlever la position coûte que coûte. Aucun obstacle, le mauvais temps, la pluie torrentielle, l'erreur d'une colonne qui se trompe de chemin, ne ralentira, n'arrêtera l'ardeur des assaillants.

Quand on suit au jour le jour, depuis la campagne d'Italie jusqu'à son embarquement pour Sainte-Hélène, l'existence de Napoléon, on s'étonne qu'un être humain, obligé, comme chacun de nous, de manger, de se reposer, de dormir, ait pu, pendant une période aussi courte, dix-neuf années, soutenir un tel fardeau d'efforts et de réalisations. Batailles, guerres, négociations, traités, réformes administratives, législatives, financières, il y a de quoi remplir la vie d'une dizaine d'hommes, choisis parmi les plus laborieux et les mieux doués.

Un tel miracle ne peut s'expliquer que par une tension extraordinaire de l'esprit, de la volonté se contractant dans la minute présente, pour en extraire, si l'on peut dire, le plus gros rendement. Napoléon vit chacune de ces minutes et de ces heures comme si cette minute et cette heure constituait, à elle seule, son existence entière.

Cette faculté toute-puissante de se donner en entier à chacune des tâches accomplies se manifeste, elle aussi, au siège de Toulon. Qu'il s'agisse d'étudier le champ de bataille, le lendemain de son arrivée, du haut de la colline de Six-Fours, afin de concevoir le plan, de rassembler, de toute part, les éléments épars, afin d'organiser l'artillerie, grâce à quoi Toulon sera pris, chacun de ces efforts contient tout ce qu'il y a en lui d'intelligence et d'activité.

« Fais bien ce que tu fais. » La vieille maxime ne fut jamais aussi pleinement, aussi magnifiquement réalisée...

***

Au XVIIIe siècle, au XVIIe, au XVIe, depuis qu'il existe en Europe de grands États constitués, les guerres qu'ils se font entre eux sont conduites uniquement par des hommes de métier, des professionnels. Les facteurs moraux n'interviennent guère dans la bataille, qui se livre d'après les règles, se perd ou se gagne, sans que vainqueurs ou vaincus mettent dans cet enjeu guère autre chose que leur *amour-propre de techniciens*. C'est ce qui explique la douceur relative de ces combats, les pertes généralement légères qu'ils occasionnent aux belligérants.

Avec la Révolution française, tout change. Un élément nouveau, très important, prépondérant, entre en jeu. Obligées de faire face à tout un monde d'ennemis, ceux du dehors et ceux du dedans, mues par l'esprit de prosélytisme qui est au fond de la doctrine révolutionnaire, les armées républicaines, qui ne sont plus d'ailleurs composées de soldats professionnels, mais de volontaires, de recrues appartenant à toutes les classes de la nation, montrent un élan, une impétuosité qui n'existaient pas dans les armées de l'ancien régime. Il y a en elles quelque chose de la fougue qui animait les croisés.

Dès la première bataille sous les murs de Toulon, dès son contact avec les soldats, au milieu desquels il se bat, Bonaparte se sent porté, soulevé, par cet impétueux courant du prosélytisme et du patriotisme révolutionnaires. C'est une force immense, formidable, qui, intelligemment captée, conduite par des chefs dignes de ce nom, peut et doit accomplir des miracles. Bonaparte a en lui tout ce qu'il faut pour devenir un de ces chefs. Beaucoup de batailles, trop de batailles sont en perspective, au dedans des frontières comme au dehors. Pour ces batailles, il faut des généraux. Le siège de Toulon vient d'en révéler un, le plus grand de tous.

FIN

BIBLIOGRAPHIE

HENRY. — Histoire de Toulon depuis 1789 jusqu'au Consulat. Toulon, Aurel, 1855. 2 vol. in-8°.

LAUVERGNE. — Histoire de la Révolution dans le département du Var, depuis 1789 jusqu'à 1798. Toulon, Monge, 1839, in-8°.

HAVARD. — Histoire de la Révolution dans les ports de guerre. Toulon, Paris, 1912, in-8°.

MONGIN. — Toulon ancien et ses rues. Draguignan 1901-1902, 2 vol. in-8°.

LARDIER. — Épisodes de la Révolution (t. III). Paris, 1848, 3 vol. in-8°.

MICHEL (pseudonyme de d'Eyguière). — Histoire de l'armée départementale des Bouches-du-Rhône, de l'entrée des escadres des puissances coalisées dans Toulon et de leur sortie de cette place... Paris, du Pont, an V, In-8°.

GAUTHIER DE BRECY. — Révolution royaliste de Toulon en 1793, pour le rétablissement de la monarchie. 4 éditions différentes de 1814 à 1828.

J. ABEILLE. — Notes et pièces officielles relatives aux événements de Marseille et de Toulon, en 1793. Deux éditions avec variante du titre.

IMBERT (Baron D'). — Précis historique sur les événements de Toulon en 1793. Paris, Dentu, 1816, in-8°.

PONS. — Mémoires pour servir à l'histoire de la ville de Toulon en 1793. Paris, Trouvé, 1825, in-8°.

MASSE. — Le siège de Toulon, ou les six derniers mois de 1793 (roman). Paris, Delongchamp, 1834, 2 vol. in-8°.

SAMBUC. — La grande trahison des Toulonnais. Étude historique sur les événements de 1793. Paris, Duc, 1894, in-8°.

COTTIN. — Toulon et les Anglais en 1793. Paris, Ollendorf, 1898, in-8°.

Mémoires du Comte de Grasset. Journal de Verne. Mémoires du Commandant Pasquier (*Nouvelle Revue rétrospective*, 1898-99).

GOURBIN. — Devant Toulon, 1793. Documents inédits (*Annales de la Société d'études provençales*, 5e année, 1908).

MARQUIS. — Considérations médico-chirurgicales sur les maladies qui ont régné pendant et après le siège de Toulon. Paris, an XI (Notes sur le siège. Topographie de Toulon), in-4°.

VALLENTIN DE CHEYLARD. — Sanary et le siège de Toulon (*Revue historique de la Révolution française et de l'Empire*, janvier-décembre 1913 ; janvier-juin 1914).

VALLENTIN DE CHEYLARD. — Après le siège de Toulon (*Même revue*, avril-juin 1916).

PELISSIER. — Devant Toulon (Frimaire an II) (*Annales révolutionnaires, Société des Études robespierristes*).

DU TEIL (Baron Joseph). — Napoléon Bonaparte et les généraux Du Teil. Paris, 1897, in-8°.

RICARD (L.-X. DE). — Autour de Bonaparte. Paris, Savine 1891, in-12.

NEL (Commandant). — Bonaparte au siège de Toulon. Toulon, Mouton et Combe, 1921, in-8°.

Bonaparte et Salicetti au camp d'Ollioules (*Révolution française*, t. XXVI, p. 374).

PARÈS. — Napoléon Bonaparte dans le Var (*Le Var illustré*, n° 4, avril 1921).

HENSELING (I.). — Sur les traces de Bonaparte. Visite à La Seyne et à la batterie des Hommes sans peur (*Le Var illustré*, n° 40, octobre 1926).

La citoyenne Lapoype au siège de Toulon. Épisode de la République en 1793 (Dix-neuvième tableau des Tableaux pittoresques de l'Histoire universelle, par Scipion Marin, Toulon, 1835), 2 vol. in-8°.

PARÈS. — Le tribunal populaire martial de Toulon. Juillet-décembre 1793 (publié dans : *Notices, inventaires et documents*, Comité des Travaux historiques, t. XI, p. 73).

POUPÉ. — Journal d'un Ponantais de l'Apollon. Abrégé des événements arrivés à Toulon, 27 juin au 18 septembre 1793 (*Revue historique de la Révolution française*).

POUPÉ. — Lettres de Barras et de Fréron en mission dans le Midi (*Bulletin de la Société d'études scientifiques et archéologiques de Draguignan*, t. XXVII).

MONGIN et PAUL. — Une promenade à travers l'Ouest varois. Toulon, 1918.

Annales de la Société d'études provençales, 4e année, n° 1. Labroue.

GEORGES DURUY. — *Revue des Deux-Mondes*, 15 mars 1892.

AULARD. — Recueil des actes du Comité de Salut public (t. II et III).

Nouvelle Revue rétrospective, t. IV, 1896, p. 290.

Napoléon Bonaparte, lieutenant d'artillerie, documents inédits sur ses premiers faits d'armes en 1793 (signé : M. D. V. Paris, Corréard, 1821).

PARÈS. — Le Royal-Louis. Toulon, 1927.

TABLE

PRÉFACE I

I. — LE COUP DE DÉ 1
II. — TOULON LIVRÉ AUX ANGLAIS 4
III. — BONAPARTE CALCULATEUR ET JACOBIN 16
IV. — AU PAYS DES OLIVIERS 34
V. — SUR LA TERRASSE DE MONTAUBAN.... 45
VI. — LE CAPITAINE ET LE SOLDAT....... 51
VII. — DE QUOI S'AGIT-IL? 58
VIII. — LES BONDS D'UN ARTILLEUR........ 69
IX. — DES CANONS, DES MUNITIONS !..... 82
X. — LES ALLIÉS ET LE COMMANDEMENT UNIQUE........................ 91
XI. — UN TRAGIQUE MALENTENDU........ 102
XII. — DU FARON AU CAP BRUN 110
XIII. — UN CHEF : DUGOMMIER 120

XIV. — LE CAIRE EST PRIS : LES ANGLAIS PARTENT.................... 137
XV. — LA VIE A TOULON PENDANT LE SIÈGE. 157
XVI. — CE QUE TOULON FAIT DE BONAPARTE. 168
XVII. — LE MIRACLE. UN HOMME DE VINGT-QUATRE ANS................. 185
XVIII. — LA FORTUNE ET LE HÉROS........ 194
XIX. — BONAPARTE ET LA RÉVOLUTION..... 211

BIBLIOGRAPHIE......................... 221

ACHEVÉ D'IMPRIMER POUR
LES ÉDITIONS DE FRANCE
PAR L'IMPRIMERIE CRÉTÉ
A CORBEIL (SEINE-ET-OISE)
LE 30 JANVIER 1929 - 8962

ST-DENIS IMP. DARDAILLON.

www.ingramcontent.com/pod-product-compliance
Ingram Content Group UK Ltd.
Pitfield, Milton Keynes, MK11 3LW, UK
UKHW022012170726
13837UKWH00001B/131

9 782329 201788